Poems New and Selected

WISLAWA SZYMBORSKA

浦睿文化　出品

我曾这样寂寞生活

辛波斯卡诗选 二

[波]维斯拉瓦·辛波斯卡 著

胡桑 译

湖南文艺出版社
HUNAN LITERATURE AND ART PUBLISHING HOUSE

目　录

辑三

一粒沙看世界

辑四

灵魂朴素，如梅子的核

辑五

别的房间，别的声音

辑六

有些事发生时那么寂静

辑七

最远处的灯已点亮

译 序

———————

碎语、奇迹市场或希望

I

"我不想成为上帝或英雄。只想成为一棵树，为岁月而生长，不伤害任何人。"这是波兰诗人米沃什的诗句，用来总结米沃什的好友——另一位波兰诗人辛波斯卡的一生极其贴切。八岁起，辛波斯卡随父母迁居到波兰南部古城克拉科夫，并在这里居住了大半个世纪，直至生命的终点。她的家位于市中心，是一所两室小屋。2012 年 2 月 1 日深夜，辛波斯卡就在这所屋子里安静地闭上眼睛，她在沉睡中完成了八十八年的生命。这是从一次完整而静谧的生命中延伸出来的死亡。她的窗外有一株白杨。我们可以想象，她每天走到窗口凝视树木时的静默神情：

> 生前栽于屋旁花园中的树
> 仍在为他生长。

这句她参观歌德故居后写下的诗，似乎是为她自己写的。辛波斯卡声称所有的写作灵感来源于生活，来源于她生存其中的世界。她的诗行随着世界的节奏而起伏。在具有挽歌性质的《植物的静默》一诗中，她以谦逊的姿态与植物所代表的万物交流，她自己则作为终有一死的侍奉者出现于诗中：

> 与你们的交谈是如此必要，却不可能。
>
> 如此紧迫，却被永远搁置，
>
> 在这次仓促的人生中。

　　在她的诗中，我们能够领受到世界的令人惊异之处、生活的苦难，人类的尊严和内在的束缚、承受世界的坚忍与真诚，以及地平线上隐忍的希望。

　　1996 年 10 月 7 日，在波兰《选举报》记者安娜·鲁德尼茨卡、塔杜施·内切克对她所作的访谈《我站在人们一边》中，她说道，"世界从某种意义上来说，确实令人赞叹。"两个月后，她站在诺贝尔文学奖领奖台上发表演说时，她一直在强调对于世界的"我不知道"的态度："在诗歌语言中，每一个词语都被权衡，绝无寻常或正常之物。没有一块石头或一朵石头之上的云是寻常的。没有一个白昼和白昼之后的夜晚是寻常的。总之，没有一个存在，没有任何人的存在是寻常的。"这是对世界永恒的未完成状态的尊重，也是人类希望的来源。

　　作为二十世纪波兰文坛上独树一帜的女诗人，辛波斯卡总是与傲慢和雄辩无缘，有时候，甚至会给人以柔弱的感觉。然而，在这柔弱之中，她倾注了对生活、对世界的最大限度的爱。她是备受苦难的二十世纪波兰的女儿，但并不钟情于政治，也不关注热门的宏大主题。她专注于日常生活中微小的事物。米沃什在《论辛波斯卡》中曾说："她在诗中是弱小的。她的诗只是一句碎语。"然而，她不是无聊生活的粉饰者、低级情感的推销员。瑞典学院院士布里吉塔·特罗泽克夫人的评价是，辛波斯卡"把诗歌当作生命的回答，当作一种生活方式，一种思想和责任的语言工作的方式"。她在柔弱的细节中发现奇迹，坚持不懈地领悟生活和人性中最深刻的秘密、困境和希望。她为每一首诗赋予优美的形式、精确而又富于层次的内容，为此，瑞典学院赠予她一个称号——诗界莫扎特。

瑞典学院为辛波斯卡撰写的诺奖授奖辞是极其精确的：辛波斯卡的诗"通过精确的反讽将生物法则和历史活动展示在人类现实的片段中"。反讽不是廉价的幽默，相反，她善于精妙的错位、偶然和断裂，唤醒根植于我们内在的对世界的忧伤、乡愁和依恋，在我们享受审美愉悦的时候令我们发出叹息，随后又引发我们的赞美。

2

1923 年 7 月 2 日，辛波斯卡生于波兹南附近的小镇布宁（现属于库尔尼克）。这座波兰小镇上有许多新哥特建筑。她出生的房子是一所两层楼的大房子，红色屋顶，现在仍保存着，临近一个狭长的湖泊。她的父亲是个小职员，1936 年去世，当时辛波斯卡才十三岁。她还有一个比她大六岁的姐姐玛丽亚·诺沃耶卡。她在诗中不太写私人事务，家庭成员也极少出现于她的诗中。只有在《终于，记忆》一诗中，父母的形象隐约出现，然而是在一个梦中："他们的脸庞如两盏灯，在黄昏，发出幽暗的光"。《赞颂我姐姐》一诗中则出现了姐姐，一位从不写诗，却喜欢寄明信片的姐姐。除此之外，我们对辛波斯卡的家庭几乎一无所知，正如我们对她本人的生活所知甚少。她喜欢将作品推到前景，希望我们只阅读她的作品，而她自己则藏身于作品背后，正如墨西哥诗人帕斯说的："诗人没有传记，写作才是他们的传记。"

辛波斯卡的童年和少年并不安定。1926 年，辛波斯卡一家移居波兰小城托伦，她在那里上小学。1931 年，全家又移居克拉科夫，她在这里上完小学后，进入一所修道院学校，并尝试写作。不久，第二次世界大战突然降临，辛波斯卡的生活秩序被打乱。战争期间，她只能在一所地下学校获取毕业文凭。她写下了一些诗歌，在某次搬家期间，她还写了一个短篇小说，不过从未发表，以为这是一篇没有什么价值的作品。1943 年，为躲避进入德国的劳动营，她在一家铁路公司当职员。两年后，她入读克拉科夫的雅盖隆大学，专业是波兰语言文学，随即转入社会学。不过，这并不是一个具有前途的专业。战后的波兰迅速斯大林主义化，社会学被认为是资产阶级学科而正被取消。她只学习了一年社会学。她并不清闲，上学的同时，还在一个小编辑部做校对工作。

1945 年 3 月 14 日，对辛波斯卡来说是个重要的日子，《波兰日报》副刊《战斗》发表了她的处女作《我搜寻词语》，她作为诗人的生涯以此为起点，虽然这中间似乎具有一种偶然性。她曾经在一个访谈中说过，如果最初发表的是小说，她也许会成为小说家。可是命运偏偏让她成为了诗人。然而对偶然的忠诚才能成就命运，这也是辛波斯卡在诗中一再表现的主题。她在生活中也是这么实践的，她的一生是忠诚于诗歌的一生，当然，她真正忠诚的是生活。

当时，波兰诗人亚当·符沃德克在《战斗》编辑部工作，他是一名已出版过十几本诗集的诗人，负责联系辛波斯卡。符沃德克十分欣赏她的处女作，发现辛波斯卡读的诗集那么少，他惊讶得头发都竖起来了。小时候，辛波斯卡家里只有卡斯普罗维奇、泰特马耶尔的两本小诗集。她对现代诗歌几乎一无所知。出于偶然，同学送她一本战争前出版的布岑科夫斯基诗集，她在沦陷期读了这本诗集，这也许是她接触的仅有的先锋派诗歌。而符沃德克藏书丰富，她经常去借书看。两人迅速相恋，并于1948年结婚，不过，这段婚姻并不圆满，只持续了六年。

　　辛波斯卡的第二位丈夫科尔内尔·费利波维奇是一名作家，二战期间曾参加地下抵抗运动，不久被关进德国集中营，战后被解放回波兰，随后从事小说创作，出版过二十余部小说，1990年去世。他在辛波斯卡的内心占据着重要的位置。1993年的诗集《结束与开始》中充满了她对丈夫的思念、对过往岁月的沉思、对命运的恐惧，以及由此而来的对生命的澄澈领悟。在其中一首《事件的版本》中，她写道：

> 个体的命运
> 被赋予我们，为了审视：
> 多数命运被我们拒绝，
> 带着恐惧与忧伤。

以及：

> 爱吸引着我们，
> 是的，但必须是
> 兑现承诺的爱。

他们通过这次婚姻兑现了爱情的承诺，也履行了在尘世的爱的义务。尤其是那首饱含深情的《一见钟情》，更是由爱的激情进而深入了对命运和机遇的思考。这首诗广为流传，打动过不少读者，包括波兰导演基耶斯洛夫斯基。《结束与开始》出版当年的圣诞节，基耶斯洛夫斯基在华沙街头的一个书摊上无意中发现了这本诗集，本来想把诗集送给《三色》的译者罗曼·格林，因为辛波斯卡是格林最喜欢的诗人。当他翻阅诗集时，读到了《一见钟情》，这首诗的主题与他正在拍摄的《三色》最后一部《红》十分接近，于是他留下了这本诗集。

　　辛波斯卡并非横空出世的天才诗人，而是一名逐渐演变、丰富、深邃的诗人，写诗对她来说是思考生命的最佳方式。她的诗就像树木的年轮，经受着岁月的磨砺，生长出清晰的脉络。1949 年，她试图出版一部诗集，却因当时的波兰审查制度而流产。这部诗集中有这样的诗句：

　　我们曾把世界弄得先后没有秩序，
　　——它是那么细小，两只手就能抓住它，
　　那么平易，可以面带微笑地将它描写，
　　那么普通，就像祈祷中的古老真理的回声。[1]

　　这里我们可以隐约发现辛波斯卡诗歌的胚芽。不过，她随即遏止了这一胚芽的生长。1952 年出版的第一部诗集《我们为此而活着》，这本在艺术上并不成功的诗集，涉及苏波友谊、战后重建、帝国主义等宏大主题，里面只有几首爱情诗以低沉的语调透露着她未来诗歌的走向，大多数诗歌显得空洞而虚假。这是

――――――――――
1 张振辉译。

一个完全令人感到陌生的辛波斯卡。然而，这本诗集一出版就迅速引起评论界广泛关注。同年，她加入了波兰作家协会和统一工人党。（1966年，因不满哲学家列舍克·科瓦科夫斯基被开除，她宣布脱离统一工人党。）

1954年，她出版第二部诗集《向自己提问》，在这本集子里，政治主题并未消失，却有所削弱，高亢的诗歌中掺入了一些低语。比如《向自己提问》一诗，她通过一系列质疑开始自觉地搜寻并辨认出自己的声音——对人性困境的敏感、对爱和真实的渴望和对沉默的敬意。在《被激怒的缪斯》一诗中，她写下了这样有力的句子：

> 幸运的是我知道，
> 应该怎样去对待这种沉默。
> 如果我甚至不敢
> 去触及带刺的玫瑰，
> 我又怎能容忍
> 雄壮的诗句向我尖叫？[1]

她也许意识到了自己的天赋并不适合于"雄壮的诗句"，而逐渐向"带刺的玫瑰"倾斜，然而，对于二十世纪诗歌而言，辛波斯卡这一优雅的倾斜是多么幸运。

《我们为此而活着》和《向自己提问》两部诗集后来基本被诗人否定，在以后的各种选本中，这两本集子中只有零星的几首诗入选。她以沉默的方式清理自己的过去。在雅盖隆大学就读期间，她开始接触波兰先锋派作家，尤其是结识了诗人米沃什，

---

1 林洪亮译。

在写作上也受到了他的影响。尽管如此，米沃什仍直言不讳："我不喜欢她的早期作品，她经历了斯大林主义阶段。"不过，米沃什接着承认，"但（她的）每一部诗集都在变得更好。"1957年，《呼唤雪人》出版，这是一部标志性的诗集，从此她自觉地摆脱了政治诗的僵化声音，以柔韧而多层次的声音进入她所擅长的自然、爱情、人性、存在等众多主题。她的诗集不多，每本诗集一般也只有一二十首诗。她是少有的以少胜多的诗人，犹如一生只写了一百多首诗的美国女诗人伊丽莎白·毕肖普。

辛波斯卡的生活，则令人想起美国女诗人狄金森和德国诗人德罗斯特·许尔斯霍夫。她也是一名深居简出的诗人，不喜欢出入公众场合，不喜欢接受采访和诗歌朗诵（她有一首《怯场》表达的就是对公开朗诵诗歌的反感）。宁静的克拉科夫古城是她生活的中心。1953年至1981年，她一直是克拉科夫《文学周刊》编辑，负责诗歌部，培养了大批年轻诗人。

她没有生育。诗歌就是她的子女。她过着朴素甚至近似苦行的生活，尤其是在她丈夫去世后的晚年。她喜欢抽烟，喜欢鲱鱼和伏特加。她不是一个热衷于在生活上历险的人。她身上并没有多少波希米亚气质。她的日常生活平淡无奇，这将为难任何试图为她写传记的人。事实上，她拒绝别人为她写传记，她只希望人们能专心地去阅读她的作品。她不愿意成为明星，即使在获得举世瞩目的诺贝尔文学奖之后。1996年的诺贝尔文学奖十分特殊，这一年是化学家诺贝尔逝世一百周年。前一年的得主是爱尔兰诗人西默斯·希尼，很多人没有料到诺奖会连续两年授予诗人。这一年的奖金是有史以来最高的，112万美金。辛波斯卡难以避免地成了媒体的焦点，在接受巴布里拉·文茨卜的采访时，她还在谈论这个问题："我对我自己和我的生活并不感到满意，至少是不满意我生活中的某些插曲。可这些纯属个人的私事，我不会公之于众。这会使我内心受到损害。我只是尝试——至少部分地——将我的某些人生经验融入我的诗中，有时成功，有时不成功。可是，要把这些得失直接说出来，这不是我扮演的角色。我不是明星，明星才会和盘托出自己所有的浪漫故事。那是因为明星需要做广告。我只希望我的诗会有人去读，至于为自己做广告，我是干不出来的。"

阅读占据了辛波斯卡的大量时间，也呼应着她平缓的生活节奏。1968 年开始，她为《文学生活》"非强制阅读"撰写书评，与雅盖沃大学文学教授马强格轮流供稿。1981 年，《文学生活》停刊，又为《选举报》陆续写过一些书评。她的书评行文不拘一格，随着性情展开，轻松幽默，短小精悍，深为波兰读者喜爱。撰写书评对一个书虫来说是正中下怀的美差。她是那么热爱阅读，甚至说过："我很老派，我认为阅读是人类迄今发明的最荣耀的事。"她还是翻译家，精通法语，翻译过不少法语诗歌，包括波德莱尔的《恶之花》。在自己的诗中，她会偶尔掺入一些法语词。她那简短的诺贝尔奖授奖答谢辞是用法语演说的。

晚年，辛波斯卡每年秋天会住到克拉科夫城附近的山区扎科潘内。在这里的作家俱乐部二楼，她有一间屋子。扎科潘内以风景闻名于世，然而辛波斯卡追寻的是静默的生活。她的屋里没有电话，甚至没有浴室。她只在里面与世无争地修养、写作，偶尔在山路上散步。这是她理想的创作环境。在迪恩·墨菲的访谈中，她说："我无法想象诗人不去争取安闲和平静。不幸的是，诗歌并非诞生于喧闹、人群之中，也并非诞生于公共汽车上。所以，必须有四面墙，并且保证电话不会响起。这是写作所需要的一切。"除了早年的动荡生活，辛波斯卡一生过着简单而安静的生活。在早年的《墓志铭》里，她就设想了自己朴素的一生。

3

　　波兰诗人尤利扬·普日博希对辛波斯卡的评价很有趣："她是个近视眼，也就是说，要在近处才能把一些小的事物看清楚，可是那些大的背景就看不清楚了。"辛波斯卡的诗都是对日常境遇、个体存在状况的沉思、质询、反讽或同情。她相信世界的真相不在远方，就在每个人身上和他周围的环境中。她崇尚微小的事物、具体的困惑、个体的境遇。《在一颗小星星下》几乎是她的诗歌宣言："我为小回答而向大问题道歉。"她选择站在弱小的事物的一边。在《无需标题》中她写道：

　　当我看见这些，我不再确信
　　重要的事物
　　比不重要的更为重要。

　　她重视诗歌写作中的民主，极力为被忽视、被压抑、被遗忘的事物增加砝码。在访谈《我站在人们一边》中，记者就这样称赞她："你是唯一一位能够将不重要的事情变成重要的事情的诗人。"的确，她拥有一种奇异的天赋，即经由对日常事物的沉思，精妙地揭示出人类的普遍命运。用她自己的诗句来说就是，通过一粒沙看世界。辛波斯卡虽然与米沃什、罗兹维克、齐别根纽·赫伯特、贡布罗维奇同属于波兰战后一代先锋派诗人和作家群，但相对于其他人，她的诗凝注于普通的人和事，其政治色彩和对重大历史事件的关注被减弱到了很小的限度。辛波斯卡是真实世界的信仰者。《巨大的数字》是对以数字化为表征的抽象世界的拒绝。《填写履历》更是这一主题上的杰作。她曾经回忆，八九岁时，她刚移居克拉科夫，和班上同学去参观一个反酗酒的展览会。然而，她对那些图表和数字无动于衷，记得最清楚的却是一块牌子，上面每两分钟就亮一下红灯，解说词是："每两分钟，世界上就有一个人死于酒精。"她的一位女同学用手表测验红灯的准确性，并以优美的动作画着十字，念诵祝愿死者安息的祷告。这一细节感动了辛波斯卡。正是与真理具有沟通能力的、令人惊异的微小事物将世界从平庸的抽象中拯救了出来，这是辛波斯卡写诗的核心任务。她能够通过对细节的敏感，记录"日常的奇迹"。她的许多诗都呈现了对平凡事物的惊异感，比如《奇异》《奇迹市场》《一见钟情》等。通过诗歌，辛波斯卡将世界呈现为一个"奇迹市场"。她的诗是生动的剧场，人性和命运被暴露在灯光下。波兰诗人斯坦尼斯瓦夫·巴兰恰克这样评论她的诗，它们"震动了许多读者，使他们睁开眼睛看到了许多事情，同时她也让他们把这些事情当成了戏剧表演。"她的诗试图更新我们对寻常事物的认知，把我们对世界的感受推到临界点。她的诗即使聚焦于某一场景，也会为之赋予各种夹层，为平庸的日常世界打开丰富的褶皱，比如《葬礼 II》《特技表演者》《恐怖分子，他在注视》等。

请不要误会，辛波斯卡并不是一位只会经营琐事、热衷表象、兜售廉价情绪的诗人。她书写平凡且日常的事物，是为了防止个体的尊严受庞然大物（比如极权主义、消费主义）威胁。她写过一首《乌托邦》，用以揭示庞然大物的谎言性质。她相信个体的救赎，而不是集体的解放。在文茨卜的访谈《我将自卫》中，她甚至对读者阅读她的环境提出了期待，她不喜欢读者坐在大厅里集体感受她的诗歌，而希望他们能在自己的家里找到片刻的闲暇时间，随意地翻开书本或杂志，读她的诗。她对具体世界的信仰是建立于布罗茨基所谓的两个否定之上的：对语言大众的否定，对引力法则的否定。她书写日常而普通的事物却拒绝平庸，书写具体而真实的事物却拒绝对重负的屈从。

辛波斯卡也不是原子论者。她渴望人类团结、友爱的能力。她曾说过，诗歌的职责就是将自己和人们沟通起来。在早年的诗歌《爱侣》中，她写道："我们同情那些并不相爱的人。"[1] 她的诗歌才能体现在优异的反讽能力，在细小与伟大、短暂与永恒、切近与渺远、偶然与必然的事物之间取得巧妙的沟通，使每一样事物随时可能走入另一个未知的空间。在一篇书评中，她写过："在那个时代的平凡与伟大之间得到真正的平衡。"这句话仿佛是她对自己写作的总结。她的诗并不封闭，而是向生活开放，向每一个人开放。

现代主义诗歌在十九世纪诞生以来，一直有一个封闭性的神话，即诗歌必须自律，朝向自身。也许出于对马拉美、瓦莱里和维特根斯坦的误读，二十世纪产生了大量沉溺于语言游戏的纯诗主义者。对他们而言，诗歌不再是体验生活、沉思命运的古老智慧，而成了言说自身、外在于生活危机的形而上之物。没有任何一个世纪像二十世纪一样，诗人们如此热衷于谈论诗歌形式自身的秘密，倾心于呈现一首诗成形的过程。更严重的是，这一情形经常发生于诗歌文本中而不只是在理论文章中。不过，由于特殊的历史境遇，东欧很少产生纯粹的形式主义诗人。在辛波斯卡的诗歌中，几乎见不到关于诗歌自身的言说。在众所周知的《种

---

[1] 林洪亮译。

种可能》中，关于诗歌的诗句不是对形式主义的沉溺，而只是对诗的守护：

> 我偏爱写诗的荒谬
> 胜于不写诗的荒谬。

辛波斯卡看重的不是语言的无限，而是语言和交往的内在困境，如她在《巴别塔》中表达的。即使在少数几首关于写作的诗中，她也并未蜕变为形式主义者，比如《写作的愉悦》，这首诗触及了语言不可思议的力量，即便如此，她依然将写作的愉悦视为"凡人之手的复仇"。她写作，是为了让每一个人在她的作品中辨认出他们自己，她为每一个渴望爱和自由的个体写作。1996 年 11 月 14 日，米沃什在《纽约书评》上发表了《论辛波斯卡》："辛波斯卡的诗探索着私人境遇，然而有时相当具有普遍性，这样，她才能避免独白。……对于我而言，辛波斯卡首先是一名知觉诗人。这意味着她面向我们说话，与我们活在同一个时代，作为我们的一员，为她自己储存私人事务，以一定的距离经营它们，而且，涉及每个人从自己的生活中得知的一切。"

辛波斯卡的诗歌并不锁闭事物，而是从事物身上敲出可能性的裂隙。她出版于 1972 年的一本诗集，取名为《可能》。而在 1986 年的诗集中，又有一首诗叫做《种种可能》。相信可能，这与她对待现实的态度一致。她不沉溺于当下，而是希望在当下注入记忆与未来，从而打开当下现实的封闭性。"每个人都可能是自己时代的孩子，但这并不意味着在所有方面都必须是时代的孩子。也许我在某些方面属于十九世纪，而在另一些方面又属于二十一世纪。我之所以属于下一个世纪，是因为我并不喜欢本世纪的所有事情。"在访谈《我站在人们一边》中，她如是说。对她而言，可能性并不代表对待世界的相对主义态度，而是在人类认清了自己的必然束缚之后仍不懈求索而得到的自由，是召唤希望的入口。她相信个体的、日常而微弱的、对雄辩具有天然抵抗力的声音，是人类获得自由的隐秘小径，尽管它曲折而漫长。她在文茨卜的访谈中说过："我觉得我只能拯救这个世界一个很小的部分。当然还有别的人，希望每个人都能够拯救这么一个很小的部分。"

胡桑

2013 年 5 月　波恩

辑　一

在黄昏，我们点起灯

一

告别风景

我并不责备春天，
它已再次出现。
我不会责怪，
因为，年复一年，
它履行着职责。

我知道，我的忧伤
并不能阻止新绿。
叶片只在风中
俯身。

看到什么东西让
水边成丛的桤木沙沙作响，
这不会使我痛苦。

我获得了一个消息，
那湖泊的堤岸
依然美丽，一如从前——
就像你活着的时候。

我并不怨恨

这景色，

这阳光令人炫目的海湾。

我甚至可以想象，

此刻，

不是我们，而是两个别的人

坐在倒下的白桦树干上。

我尊重他们的权利：

低语，大笑，

陷入幸福的沉默。

我甚至认定，

他们被爱绑在一起，

他伸出有力的臂膀

将她搂在怀里。

也许是新孵出的小鸟

在苇丛中窸窣作响。

我真诚地祝愿

他们能够听见。

我并不要求

浪花的变化，

它们时而迅疾，时而迟缓，

并不遵从我的命令。

我对林边湖水的深度

没有任何期许，

最初是碧绿，

随后成为蓝，

最后又变得幽暗。

只有一点我并不赞成：

让我回到这里。

我放弃——

生存的特权。

我比你活得更久，这已足够，

足够我

在远方苦苦地思念你。

金婚纪念日

他们一定有过不同之处，
水与火，相互远离，
在欲望中偷窃并赠予，
攻击彼此的差异。
紧紧抱住，那么久，
他们占用、剥夺彼此，
即使只有空气留在他们怀里，
透明，如闪电之后。

某一天，无须回答，他们就领会了彼此的问题。
某一夜，在黑暗中，他们透过
沉默的种类，猜测彼此的眼神。

性别消退，神秘溃散，
各种差异在雷同中遇见彼此。
一如所有的颜色在白色中变得一致。

这两人谁翻倍了，谁消失了？

谁以两种笑容微笑？

谁的声音形成了两种音质？

谁以两个脑袋点头，又是谁同意？

谁的手势将茶匙举向两人的唇边？

谁剥夺了另一个人的生命？

谁活着，谁已死去，

缠绕于某人的掌纹中？

他们凝视彼此的眼睛，逐渐成了孪生子。

熟稔是最完美的母亲——

不偏爱任何一个孩子，

几乎不能记住谁是谁。

在这个节日，他们的金婚纪念日，

他们一起看见，一只鸽子栖止于窗台。

一

写自旅馆

京都是一座幸运之城，

幸运，到处是宫殿，

长有翅膀的屋顶，

星辰如音阶，

苍老，却迷人，

石质，却生动，

木构，

却从地面生长到天际，

京都是一个美得

让你落泪的城市。

我是说，一位先生流出的

真实眼泪，

这位鉴赏家，古物爱好者，

他在关键时刻，

在一张绿桌后面，

疾呼，毕竟

有那么多差劲的城市，

于是，突然在座位上
哭泣。

就这样，京都获救了，
它比广岛更美丽。

但这已是久远的历史。
我不能总是惦记着它，
或者，不断地问，
以后会如何，以后会如何。

日复一日，在历史的预期中，
我相信永恒。
在持续的惊恐中，
我如何将牙齿咬入苹果。

我不时听到某个普罗米修斯[1]
戴着消防队员的头盔，
欣慰于自己的子孙。

---

1 普罗米修斯（Prometheus），希腊神话英雄，因盗取奥
林匹斯山上的火并赠予人类而受到宙斯的惩罚，被锁在高
加索山的悬崖上。宙斯每日派一只鹰去啄他的肝，又让他
的肝每日重新生长。

写着这些诗句，

我好奇，

它们中的什么东西，在何时

会显得荒谬。

偶尔，恐惧

袭击我。

在路上。

在陌生的城市。

只有花园砖墙，

常见的古塔，

粗糙的檐口线脚上剥落的灰泥，

饼干盒一般的房屋，

一无所有，

只有一棵无助的小树。

他将在这里做些什么，

这位温和的先生，

鉴赏家，古物爱好者。

石膏上帝，怜悯他吧。
叹息吧，哦，古典大师，
在批量生产的胸像深处叹息。

只是有时，
在一座城市，众多城市中的一座
在旅馆房间，
远眺排水沟，
一只猫在星辰下
如婴儿般嗥叫。

在一座人口众多的城市，
人多于你在茶壶、
茶杯、碟子和丝绸屏风上所找到的人像。

对于一座城市，
我只知道一点：
它不是京都，
绝不是京都。

确　信

"那么，你真的确信我们的船靠岸的地方

就是波希米亚的荒野吗？""是的，老爷。"[1]引自

莎士比亚，我确定不是别人。

一些事实和日期，一幅肖像在他死前

已临近完成……谁还能奢求更多？为何还希望看见

证据，被大海抓起，

投向这个世界的波希米亚海岸？

---

1 引自莎士比亚戏剧《冬天的故事》第三幕第三场。此处采用朱生
豪译文。辛波斯卡引用这两句话时将原文的"Perfect"（古义为相信）
改为"Certain"（确信）。

一

底 片

在灰色的天空下，
一朵更灰的云，
被太阳镶上黑边。

左边，也就是右边，
一根白色的樱桃枝上结着黑花。

灯光使你的脸变黑。
你正坐在桌旁，
变灰的手放在桌上。

你像个幽灵，
试图召唤生者。

（既然是他们中的一员，
我该出现在他眼前，拍打一下：
晚安，也就是早安，
再会，也就是你好。
并且，对于他有关生命的一切答案
不吝于提出疑问，
生命，那暴风雨前的寂静。）

谢幕休息

疯癫的歌声结束了，奥菲利亚[1]冲下
舞台，急于检查，裙子上的
褶皱是否太多，金发是否
依然在原处贴着脸颊。

既然，真实生活的法则
要求真相。她，波洛涅斯的亲生
女儿，小心地从眉毛上洗去
黑色的绝望，专注地
数着从发间梳下的叶片。
哦，亲爱的，丹麦会宽恕你，和我。
我将带着翅膀死去，我将以真实的爪子继续活着。
并非所有的死亡都源于爱情。

_____

1 奥菲利亚（Ophelia），莎士比亚悲剧《哈姆雷特》中的
女主人公，因父亲波洛涅斯的惨死而精神失常。她唱着歌
游荡在园中，试图把编织的花环挂于水边树上，因树枝意
外折断，落水而死。

归 鸟

这个春天，群鸟又一次过早归来。
愉悦吧，哦，理性，本能也会犯错。
它收集羊毛，瞌睡 —— 它们坠入
雪中，坠入愚人的命运，一次死亡
辜负了它们构造精美的喉咙和出色的爪子，
忠诚的软骨，尽职的羽毛，
心脏敏感的血流，内脏的迷宫，
轮毂般的肋骨，轰响的纵射炮火般的脊椎，
修士般耐心的喙。

这不是挽歌 —— 不，它只是愤怒，
一个尘世蛋白质的天使。
一只长有腺体的活风筝，来自《雅歌》的风筝，
在天空中独一无二，在手边却无法清点，
身体的组织被绑定于时间与空间的
缠绕之中，有如在一出亚里士多德所称颂的戏剧中，
在翅膀的欢呼中舒展自己，
坠落，躺在石头边，
以古老而纯洁的方式，
望着生活，就像望着一系列失败的尝试。

喜剧的序幕

他为自己制作了一把玻璃小提琴，想看一看音乐长什么样子。他把船拖上山顶，等待海平面上升到这里。晚上，他全神贯注地读着列车时刻表：终点站让他感动得流泪。他与字母"Z"一起变成了侦探。他写了一首诗，去治愈秃顶，另一首诗，还是关于这个主题。他毁坏了市政厅的钟表，为永远制止树叶落下。他种下一盆葱，想从里面挖出一个城市。他将地球仪绑在腿上，缓慢地行走，微笑，幸福得有如二乘以二等于二。当有人说，他不存在，他不可能死于忧伤，于是，他必须出生。他已在某个地方生活了；他眨着小小的眼睛，成长。他来得正是时候！就在这个时代的缺口！我们最为慈悲的圣母，我们智慧而亲切的圣母机器，很快将需要一个这样的小丑，为了她的消遣和天真的快乐。

发 现

我相信伟大的发现，
我相信作出发现的人，
我相信即将作出发现时的恐惧。

我相信他正变得苍白的脸，
他的恶心、不适，以及被冰凉的汗滴沾湿的上唇。

我相信他的笔记被烧毁，
烧成灰烬，
烧成碎屑。

我相信数据的失散，
不带一点遗憾。

我相信人的紧迫，
他行动的精准，
他的自由意志。

我相信碑石的碎裂，

液体的倾泻，

光线的消失。

我相信这将完美地结束，

这不会太迟，

它将发生，没有见证。

我确信没有人会找出发生的一切，

不是妻子，也不是墙壁，

甚至不是那只以歌声告密的鸟。

我相信拒绝参与，

我相信毁灭的生涯，

我相信工作中荒废的岁月，

我相信带入坟墓的秘密。

为了我，这些言辞升起，超越于法则之上，

不求援于现实的例子。

我的信念强烈、盲目，毫无根据。

一

星期天，与自己的心交谈

感谢你，我的心：
你持续跳动，并未偷懒，
缺少恭维，又无奖赏，
仅仅出于天生的勤勉。

每分钟，你获得七十份功劳。
每一次跳动，
你将一艘船
推入开阔的大海，
让它周游世界。

感谢你，我的心：
一次次，
甚至在睡梦中，将我从整体中
拽出，分离。

你深信，我不会梦着我的梦
可以实现这次最终的飞行，
哪怕缺少翅膀。

感谢你，我的心：

我再次醒来，

即使，是星期天，

是休息日，

你继续在我胸中跳动

一如既往，超越于假期之上。

一

记一次不存在的喜马拉雅之旅

哦，这就是喜马拉雅山了。
群山涌向月亮。
跃出的瞬间被铭刻于
突然撕裂的天空。
洞穴穿越在云的荒漠。
刺入虚无。
回声——白色的寂静。
沉默。

雪人，我们这儿有星期三，
面包与字母。
二乘以二等于四。
玫瑰是红色的，
而紫罗兰是蓝色的。

雪人，我们这儿所从事的
并非全是罪行。
雪人，每一次判刑
并不意味着死亡。

我们继承了希望——

那遗忘的天赋。

你会看到，我们如何

在废墟中生儿育女。

雪人，我们这儿有莎士比亚。

雪人，我们打牌，

拉小提琴。在黄昏，

我们点起灯，雪人。

山上，既不是月亮，也不是大地。

眼泪冰洁。

哦，雪人，途中的登月者，

转身回来吧，再想一想！

我呼唤雪人，

在四面雪崩形成的墙中，

我跺着脚，取暖，

在永恒的

雪上。

一

纪 念

他们在榛子林中做爱，
头顶的每一颗露水如细小的太阳。
枯叶与树枝，以及干土
缠在他们发间。

燕子的心，请
怜悯他们。

他们在湖边一起跪下，
梳下发间的枯叶；
小鱼，如一颗星辰所聚集的光线，
游向凝视它们的人。

燕子的心，请
怜悯他们。

树木倒映于湖中的涟漪上，
颤动，如星云，灰色。
哦，燕子，让他们永不，永不
忘记这一天。

燕子，你这云朵生出的荆棘，
空气的锚，
更完美的伊卡洛斯 [1]，
圣母升天节的燕尾服。

哦，燕子，你这书法家，
失去分针的时钟指针，
鸟类中的哥特建筑师，
天堂倾斜的一瞥。

燕子，你这锋利的寂静，
悲伤的生机，
恋人的光晕，
请怜悯他们。

---

1 伊卡洛斯 (Icarus)，希腊神话人物。以蜡和羽毛制成的羽
翼逃离克里特岛，因飞得太高，双翼被太阳融化，落水而亡。

一

动 作

你在这里哭泣，它们却在那里跳舞，

在你的泪水之中。

在那里，它们寻欢作乐，

并不知道一件幸福的事物。

只有镜中的微光。

只有闪耀的蜡烛。

只有楼梯和门厅，

手势，蕾丝袖口，泪水宛如这些。

氢，氧，这两个无赖。

氯，钠，这一对流氓。

那个纨绔子弟，氮[1]，游荡着，

上升，下降，盘旋，

在穹顶之下，在它内部。

你的哭泣，是泪水的音乐。

是的，小夜曲[2]。

你是谁，你这戴假面的美人。

---

1 氢和氧是水的分子组成。氯和钠则是泪水中的盐的分子组成。氮是空气中最多的成分。

2 小夜曲（eine Kleine Nachtmusik），原文为德语，莫扎特的《小夜曲》。

辑 二

世间的每一个人和我

一

种种可能

我偏爱电影。

我偏爱猫。

我偏爱瓦塔河[1]边的橡树。

我偏爱狄更斯，胜于陀思妥耶夫斯基。

我偏爱喜欢人们

胜于热爱人类。

我偏爱手边放着针线，用于不时之需。

我偏爱绿色。

我偏爱不把一切

都归咎于理性。

我偏爱例外。

我偏爱及早离去。

我偏爱和医生谈点别的什么。

我偏爱线条优美的老式插画。

我偏爱写诗的荒谬

胜于不写诗的荒谬。

就爱情而言，我偏爱平淡无奇的纪念日，

---

1 瓦塔河（Warta），波兰西部河流，奥得河（Oder）的支流。

那样就可以天天庆祝。

我偏爱这样的道德家，

他们不向我作出任何承诺。

我偏爱狡黠的仁慈，胜于使人轻信的仁慈。

我偏爱穿便装的大地。

我偏爱被征服的国度，胜于征服别国。

我偏爱有所保留。

我偏爱混乱的地狱，胜于秩序井然的地狱。

我偏爱格林童话，胜于报纸头版。

我偏爱无花的叶，胜于无叶的花。

我偏爱不截尾的狗。

我偏爱明亮的眼睛，因为，我的如此晦暗。

我偏爱桌子的抽屉。

我偏爱许多此处并未提及的事物

胜于许多我不愿说出的事物。

我偏爱那些散漫的零

胜于被编排成序列的零。

我偏爱昆虫的时间，胜于星辰的时间。

我偏爱在木头上敲打。

我偏爱不去问还要多久，什么时候。

我偏爱惦记着可能性，

存在自有其理由。

一

终于，记忆

终于，记忆找到了那些被追寻的事物。

母亲出现了，我又认出了父亲。

我梦见一张桌子和两把椅子。父母坐着。

他们又一次属于我，为我而复活。

他们的脸庞如两盏灯，在黄昏，发出幽暗的光，

如伦勃朗[1]的模特。

只有此刻，我才能开始诉说，

多少次，在他们游荡其中的梦里，在人群中，

我将他们从车轮下救出，

多少次，在弥留之际，我在他们身边，他们向我呻吟。

他们，被切除，再次长出，却不再笔直。

荒谬驱使他们伪装。

即使，在我的外面，他们感觉不到痛苦，

他们仍在我体内疼痛，那又怎样。

在梦中，愚蠢的人群听见我面对

---

1 伦勃朗（Rembrandt），荷兰画家，善用光影。他喜欢将背景
处理成晦暗的黑褐色或棕色，缩小明亮部分，以三角立体光勾勒
人物轮廓，人物犹如站在黑暗舞台上的聚光灯下，从而产生戏剧
效果。

树上那个跳跃着、鸣叫着的东西，呼唤母亲。

他们取乐，将父亲的头发编成猪尾。

我在羞愧中醒来。

于是，最终，

一个平常的周五夜晚，

他们突然归来，

正如我渴望的。

在一个梦中，只是摆脱了梦的束缚，

他们顺从自己，仅此而已。

在这画面的背景中，可能性变得模糊，

偶然性缺乏必要的形状。

他们只是呈现，优美如自己。

他们出现在我面前，

这一幸福的时刻持续了很久，很久。

我醒来。睁开眼睛。

我触摸这个世界，一个雕刻精美的画框。

赞颂我姐姐

我姐姐不写诗，
也不会突然开始写诗。
她追随母亲，她不写诗，
她追随父亲，他也不写诗。
在姐姐家中，我感到安全：
让她丈夫去写诗不如去死。
虽然，这像在绕口令，
事实是，我没有一个亲戚在写诗。

在我姐姐的书桌抽屉里没有旧诗，
在她手提包里也没有新诗。
当她邀我共进午餐，
我知道，她无意读诗给我听。
她的汤那么可口，不会激发隐秘的灵感，
她的咖啡不会泼溅于稿纸上。

那么多家庭，无人写诗。
然而一旦有人写，就无法遏止。
有时候，诗歌如瀑布代代流传，
掀起致命的漩涡，家庭之爱会沉没。

姐姐练就一口流利的散文,
她写下的唯一作品是度假时寄来的明信片,
每年都是一样的许诺:
等她回来后,将有那么多
那么多
那么多事情要告诉我们。

—

喜剧演员

首先，我们的爱会死去，哎，
两百年后，
至少，我们会再次相遇。

这一次，在剧院中，我们由一对
喜剧演员扮演，
他和她，公众喜爱的演员。

只是一出小闹剧，夹杂着歌声、
行话、玩笑，以及终场鞠躬，
一场具有风俗特色的喜剧杂耍，
差点震塌了剧院。

在舞台上，你将无休止地
取悦他们，戴着领结，
以及小小的嫉妒。

我，爱的愚蠢人质，也会如此，
以我的心、欢乐、王冠，
然而，我的心碎了，快乐逝去，
王冠跌落于地。

听着笑声中响亮的叠歌，

我们相聚，又离别，

七座山，七条河，

增加着我们的痛苦。

假如，我们不能拥有足够的

绝望、忧伤，以及这一切，

那么，高傲的言辞将会消灭我们。

然后，我们起身，鞠躬：

希望你们喜欢我们的演出。

所有的赞助商，带着妻子，

将鼓掌，起立，离去。

他们重返生活的牢笼，

那里，爱的老虎偶尔将会盛怒，

不过，这只野兽已太驯服，不再咬人。

我们将把那些古怪的人留在门外，

那些头戴愚人帽的蠢货异教徒，

我们倾听小铃铛的响声，

日日夜夜。

一

流浪汉

在巴黎，某一天，从清晨到黄昏，

在巴黎就像——

在巴黎——

（救救我吧，这描述太蠢了！）

在花园中，在一所石头大教堂边，

（并未被建造，没有，而是

在鲁特琴上弹奏过。）

一个流浪汉[1]，世俗的修道士，唱反调者，

睡着，四肢摊开，如一尊骑士雕像。

倘若他曾拥有过什么，此刻已失去。

失去了，却不再想取回。

他参加过征服高卢的战役，拿过士兵津贴，

此时已全部挥霍，这不要紧。

那是十五世纪，由于他在基督像左侧摆过

一个小偷的姿势，他们从未给他报酬，

这一切他已忘却，他不再等待。

---

1 流浪汉（Clochard），原文为法语。

为邻居家的那些狗剪毛，

他挣到了红酒。

他与属于梦想发明家的空气睡在一起。

他浓密的胡子挤向太阳。

灰色的嵌合体怪物（智者、牛头犬狮鹫

地狱象、说唱蟾蜍、呱呱叫鳄鱼、犀牛三头犬、

猛犸象河马、单脚魔鬼[1]，

各种各样的动物，如哥特式快板）

从石头中苏醒，

好奇地观察他，

它们从未转向我或你：

谨慎的彼得、

热情的迈克尔、

积极进取的伊娃、

芭芭拉，克莱尔。

---

1 这里作者生造了七个合成词，表示各种嵌合体怪物，
英译本分别处理为：Bulldoggryphons, Hellephants,
Hiphoptoads, Croakodilloes, Rhinocerberuses,
Behemammoths, Demonopods。

一

无 题

他们俩单独留下，那么久，

彼此毫无爱意，一言不发，

迄今，他们应当获得的，可能是

一个奇迹—— 一次雷击，或成为石头。

即使在我们出版的两百万册希腊神话里，

也找不到拯救这对恋人的方法。

即使，有人按响门铃，或者

某种东西一再闪现与消失，

无论来自何处，无论在何时，

无论，那是兴奋、恐惧、欢乐或忧伤，

都无济于事。没有越轨，

也不存在偏移，一切源于这出市民戏剧

所操控的情节，如此精湛。他们这次

整饬的疏离，就如字母"i"上的那个点[1]。

----

1 这一句似乎在说，疏离（Separration）一词中的字母"i"
处于一种永远疏离的状态：上面的点和下面的竖条之间是
一直分离的，难以和解，犹如诗中这对恋人。

坚定的墙壁处于背景之中，
他们怜悯着彼此，一起
凝视着镜子，但镜中空无一物，
除了他们自己敏感的身影。

他们看见镜框中的两个人。
事物警觉着。在各种向度上，
处于大地与天空之间的事物
注视着命运，我们带着这些命运出生，
但是，依然不清楚，为什么
一只突然跃过房间的鹿
摧毁了整个宇宙。

歌 谣

听听这首歌谣："被谋杀的女人
突然从椅子上起身。"

这是一首真诚的歌谣，被写下
既不是为了震惊，也不是为了冒犯。

事情发生得一览无余，
窗帘开启，灯都亮着。

路人可以驻足，凝视。

当凶手跑下楼，
门在他背后关上，
女人起身，有如一个生命
被突然的静默所惊吓。

她起身，转动着脑袋，
环顾四周，眼睛显得
比之前更吃力。

不，她并未漂浮在空中：
她依然踩在毫无特色的
轻轻发出吱嘎声的木质地板上。

在火炉中，她焚毁

凶手留下的痕迹：

脚下的一张照片，远处的鞋带，

一切她能发现的东西。

显然，她并未窒息而死。

显然，她并未被枪射中。

她被无形地杀死。

也许，她依然会显示出生命的迹象，

为乱七八糟的愚蠢的缘由哭泣。

一见到老鼠，就在恐惧中

尖叫。

     许多

可预见的荒谬之处，

不难伪装。

她起身，就像你和我。

她走动，与人们别无二致。

她唱歌，梳头，

头发还在生长。

一

醉 酒

他的一瞥，增加了我的姿色，
我将它占为己有。
我幸福地吞下一颗星辰。

我允许自己被想入非非，
仿效我在他眼中的
影像。我跳舞，跳舞，跳舞，
迅速地抖动翅膀。

椅子是椅子，酒是酒，
在酒杯中，酒杯
立在那里，就立在那里。
唯有我是虚构的，
是幻想的，令人难以置信，
如此虚幻，使我痛苦。

我给他讲故事：
在蒲公英的星座下

殉情的蚂蚁。

我发誓，倘若你撒上酒，

白玫瑰就会歌唱。

我大笑，脑袋谨慎地

前倾，像在观察

幻想如何发生。

我跳舞，跳舞，在我不知所措的

皮肤内部，在他创造我的怀里。

出自肋骨的夏娃，出自大海泡沫的维纳斯，

出自朱庇特头颅的密涅瓦 [1]——

她们三个都比我真实。

当他不再看我，

我努力追寻我在墙上的

幻觉。我看到一枚钉子，

一幅画挂着，一如既往。

---

1 维纳斯（Venus），罗马神话中的爱神，相对应于希腊神话中的阿芙罗狄忒，生于大海的泡沫。朱庇特（Jupiter），罗马神话中的主神，相对应于希腊神话中的宙斯。密涅瓦（Minerva），罗马神话中的女神，相对应于希腊神话中的智慧女神雅典娜，生于朱庇特的头颅。

一

花 腔

她沉静地站在树下，在人造树枝下，
歌声如闪耀的粉末从嘴唇溢出：
滑润的声音如银器闪烁，
如蜘蛛的分泌物，只是更为响亮。

是的，她喜欢（以 C 大调唱出）
友爱的人类（你和我）；
为了我们，她不诉说苦难；
她将编织更完美、更甜蜜的光辉；
她歌喉中的音弦，为我们切碎词语
和面包，带着细碎的咔嚓声，
（一顿让她的小绵羊咀嚼的午餐）
成为一小杯覆盖着奶油的咖啡。

只是听吧！太暗了！哦，厄运来得如此迅速！
黑色的巴松管威胁着她！
它嘶哑而粗糙，冷酷而粗鲁，
要求她优美的嗓音被惊吓——

男低音普罗凡多，请结束这恐怖，

哆，来，咪，弥尼，提客勒，等等 [1]

你们试图让她沉默，将她绑架到

我们舞台下面的冷酷生活中？

带入流放的音阶：如患着日益严重的鼻窦炎，

嗓音各异的沙哑，永远的吞吞吐吐，

那里，我们这些可怜的灵魂，无声地张嘴，

像一群鱼？那么，这就是你们所希望的？

哦，不！哦，不！尽管，厄运在迫近，

她并不会沮丧，反而提高音调！

声音细小如丝，听上去宛如空气，

她的命运悬挂其上，

但已足够她呼一口气，

飘升嗓音，没有一点停顿，

逼向吊灯；当她站在那里，

她人性的声音使整个世界

澄净如水晶。我们都是听众。

1《圣经·但以理书》载，迦勒底王伯沙勒举行宴会时出现在王宫墙上的文字。全文为："Mene，mene，tekel，upharsin。"（弥尼，弥尼，提客勒，乌法珥新，意为：数过，数过，称过，分掉。)但以理解释说这是王国即将灭亡的预言。这里，诗人可能隐喻音乐家会招致厄运。原文的"等等"（et cetera）为拉丁语。

一

我太近了……

对于他，我太近了，以至不会被梦见。
我不会从他头上掠过，也不想躲避，
藏于树根下。我太近了。
被捕获的鱼不会以我的声音唱歌。
戒指不会从我的手指掉落。
我太近了。一栋大楼着火，
我不能求救。太近了，
我的一根头发难以变成警铃的
绳子。太近了，我无法作为客人
进门，而此前墙壁已然退避。
我再也不会如此轻易地死去，
那么超越肉体，那么悄无声息，
有如某一次在他的梦中。我太近了，
太近。我听见词语发出咝咝声，
看见其闪亮的鳞片，如我一样安静地
躺在他怀里。他睡着，
此刻，那位女引座员比我更为亲近，
尽管，我躺在他身边，而那女人，他只见过一面，在拥有一只狮子的马戏团里。

由于她，此刻，一道峡谷在他体内生长，

覆盖着锈红色树叶，尽头，一座顶部积雪的山峰

升起于蔚蓝的天空。我太近了，

无法从天上坠落，像来自天堂的礼物。

我的哭泣仅能将他吵醒。我的天赋

如此贫乏：我，受制于自身的形态，

曾是一株桦树、一只蜥蜴，

于是，我将时间剥落，以各种闪光的色彩，

让皮肤变得光滑。我曾占有

最为珍贵的天赋，借此消失于

受惊的目光。我太近了，

对于他，我太近了，以至不会被梦见。

我将手臂从他沉睡的脑袋下抽出——

发麻，如刺满了隐形的针，

每根针尖上坐着一位堕落天使，

等待被清点。

一

笑　声

我认识她，当然——
我也曾是一个小女孩。
我有几张快照，
来自她朴素的生活，
我写过几首小诗，
对她感到善意的怜悯。
我记得一些事件。

可是，
为了让这个与我在一起的男人
笑，并拥抱我，
我挖掘出这个愚蠢的小故事：
关于那只丑小鸭
稚嫩的爱情。

我为他讲述
她曾经怎样给未受伤的头部缠上绷带，
跑出门去，假装与他邂逅，
于是，他就会询问，虽然只是问她
到底发生了什么事情。

可笑的琐事。

她怎么会知道，

绝望将对你产生影响，

如果你足够幸运，

可以承受绝望。

我给她一些零钱：去买一份饼干。

我将给她更多：去看一场演出。

走开，此刻，我正忙。

难道你看不见

灯已熄灭？

你不知道

门已锁住？

别去摆弄门把——

那个笑着

并拥抱我的男人

并不是你的那个大学生。

你从哪里来，

最好回到哪里去，

我与你并无瓜葛，

我只是一个平凡的女人，

仅仅知道，

何时去揭穿

别人的秘密。

不要一直注视着我，

你的眼睛

睁得太大，

如死者的双目。

一

出　生

那么，这就是他母亲。
这个瘦小的女人。
这位灰眼睛的生育者。

一艘他多年前
驶向岸边的船。

一艘他步入
这世界的船，
这并不永恒的世界。

男人的女性基因，
我曾与他一起跃过了大火。

那么，这就是她，只有她
没有将他视为
业已终结、完成的事物。

她亲自将他拖入
我所熟悉的皮肤，
将他绑定于
躲避着我的骨头上。

她亲自让他
睁开灰色的眼睛，
就像他望着我的样子。

那么，这就是她，他的第一个字母，
为什么他要把她展示给我。

出生。
他也要出生。
像每个人一样出生。
像我，会死去的我。
一个真实女人的儿子。
一个刚刚降临的生命，源于肉体的深处。
一个走向终点的旅行者。

在每一方向，
每一时刻，
他服从于
自己的缺席。

在一面墙上
他撞击脑袋，
但那墙壁永不倒塌。

他的举止
躲闪着，回避着
宇宙的裁定。

我发现，
他的旅程业已过半。

但他并未告诉我这一点。
没有。

"这是我母亲。"
这是他所说的一切。

一

养老院

公主殿下来了——你知道我在说什么，
我们的海伦，那个自我膨胀的人——把自己变成了公主。
她抹着口红，戴着假发，就像我们所注意到的，
宛如三个儿子能在天堂看见她。

"如果，他们能从战争中幸存，我就不会在这里。
我将和一个儿子度过冬天，和另一个度过夏天。"
是什么让她如此确信？
此时，如果与这位母亲在一起，我也会是她死去的儿子。

她不停地问着（"我并不想窥探隐私"）
为什么，你的儿女没有任何音信，
即使在他们死去之前。"如果我的孩子们还活着，
我将与第三个儿子度过所有的假期。"

是的，他会坐着黄金马车来接她，
马车由一只天鹅或一只白鸽拉着，
为了让我们看到，他并未忘记母亲，
以及，他如何感激母爱。

甚至是护士珍妮也帮不上忙，唯有微笑，
当我们的海伦再次唱起这首古老的歌——
即使，护士珍妮的工作就是同情，
从星期一到星期五，且有两周休假。

—

冰结的动作

这不是邓肯[1]小姐吗，那个出名的芭蕾舞演员？
这不是漂流的云、拂动的薄纱、女酒徒、
月下的水、摇曳的波浪，叹息的微风？

就这样站着，在摄影棚里，
随着音乐与动作，沉重地扭动丰腴的身体，
她被分派了角色，去获得一个姿势的怜悯，
被迫忍受错误的见证。

肥胖的双臂举过头顶，
紧绷的膝盖，突出于短小的演出服，
左腿前伸，脚和脚趾裸露，
五个脚趾甲（数一数）。

一小步，从永恒的艺术跨入艺术的永恒——
我勉为其难地承认，这胜于虚无，
比其他的事物更贴切。

---

1 邓肯（Isadora Duncan），美国女芭蕾舞蹈家，现代舞
的创始人，第一位赤脚在舞台上表演的现代艺术家。

帷幕后面，一件粉红的束腹，一只手提包，

里面有一张轮船票，

明天就要离开，这是在六十年前；

再也不回来了，但是，现在才早上九点。

一

音乐大师

几块泥土，他的一生将被遗忘。

音乐将从他的境遇中解脱。

不会再有演奏小步舞曲前的咳嗽了[1]。

湿敷的药贴被撕掉。

火将毁灭落着尘土、虱子肆虐的假发。

蕾丝袖口上的墨迹将消失。

鞋子，那令人窘迫的证人，将被投入垃圾堆。

天资最差的学生将获得他的小提琴。

夹在乐谱中的屠夫的账单将被取走。

可怜的母亲的来信将填充老鼠的肠胃。

不幸的爱情将消退。

眼睛将不再流出泪水。

邻居女儿将发现粉色缎带的一个用处[2]。

感谢上帝，这个时代尚未变得浪漫。

一切不是四重奏的音乐

都将变成难以留下记忆的五重奏。

---

1 演奏前咳嗽一声是西方音乐的程式。
2 西方人的情书一般会在信封上系一条粉色缎带。

一切不是五重奏的音乐

都将变成冗杂的六重奏。

一切不是四十位天使合唱的音乐

都将进入沉默，降格为狗的吠叫，宪兵的打嗝。

窗台上的龙舌兰将被移走，

以及一碟苍蝇药、一只润发膏的瓶子。

花园的景色（哦，是的）将呈现出来，

之前，这里并没有花园。

此刻，听吧！你们这些终有一死的人，听吧，此刻，听吧！

留意听，在专注的惊异中，

哦，专注，哦，震惊，哦，专心的人们，听吧，

哦，听众——现在听吧——以所有的耳朵——

—

自杀者的房间

我打赌，你们必定以为，这房间空无一物。

不对。里面有三把椅子，椅背坚固。

一盏灯，可以驱散黑暗。

一张桌子，上面有一只钱包和一些报纸。

一尊虚静的佛，一尊忧虑的基督。

七头可以带来幸运的大象，抽屉里还有个笔记本。

你们以为，我们的地址不在它里面？

没有书、绘画、唱片，你们猜测？

不对。一双黑暗的手平衡住了一只令人欣慰的小号[1]。

萨丝姬娅[2]和她忠诚的小花。

欢愉，诸神之火。

奥德修斯在书架上舒展，在甜蜜的睡梦中，

在第五卷的苦难之后[3]

---

1 指美国黑人音乐家、小号演奏家路易斯·阿姆斯特朗（Louis Armstrong），被称为爵士乐之父。

2 萨丝姬娅（Saskia van Uylenburgh），荷兰画家伦勃朗之妻。伦勃朗有一幅画名为《手持红花的萨丝姬娅》。

3 奥德修斯（Odysseus），古希腊英雄。荷马史诗《奥德赛》的主人公。史诗第五卷讲述奥德修斯在特洛伊战争之后启程返乡，并在海上遇到风暴。

道德家们

以金色字母，将自己的名字

铭刻在精美的皮制书脊上。

临近处，政治家们挺直着背脊。

没有出口？难道大门不是吗？

缺少风景？窗子拥有其他的景色。

他的眼镜

搁在窗台上。

一只苍蝇嗡嗡鸣叫——它还活着。

你们以为，那张便签一定会告诉我们一些事情。

然而，倘若我说，根本就没有便签——

他拥有那么多朋友，但是，我们所有人都极其适合

被装入倚靠在杯子上的空信封。

一

葬 礼 I

他的头骨，从泥土中挖出，
休憩于一个大理石墓穴；
勋章，酣睡于枕上：
此刻，它获得了那么多空间，
这个头骨，从泥土中挖出。

他们读着索引卡：
一、他已经／将要被遗忘，
二、继续，乐队，为葬礼的队伍演奏吧，
三、可悲的是，他看不到这些。
他们读着索引卡。

此刻，公民，为你所获得的神恩，
感到欣慰吧：
人只能出生一次，
却有两个坟墓。
此刻，公民，感到欣慰吧。

葬礼仪式如此丰富：

一千只伸缩长号，

针对人群治安的警察，

为骨骸鸣响的钟声。

葬礼仪式如此丰富。

他们的眼睛向天堂瞥视，

为了获得来自高处的预示：

也许是一束光线，

或是携带炸弹的鸽子。

他们的眼睛向天堂瞥视。

在它们与人群之间，

根据安排，

孤独的树将授命

歌唱它们的静默。

在它们与人群之间。

相反，桥梁已悬吊完毕，

在岩石峡谷之上，

谷底已填平，为了坦克的通行，

回声等待着呻吟。

相反，桥梁已悬吊完毕。

然而，充溢着鲜血与希望，

人们转身离去，

他们并不知道，钟绳

在变得苍白，如人的头发。

然而，充溢着鲜血与希望。

一

伟人故居 [1]

刻着金色字符的大理石告诉我们：
伟人曾在这里居住，工作，死去。
这些花园小径，他亲手铺设了碎石。
这只凳子——别碰——他用石头凿成。
这里——留意台阶——我们进入房子。

他降临世界，在一个合适的时刻。
一切应逝去的都在这房子中逝去，
却不在房子的设计中，
不在装饰精美却空洞的房间里，
不在陌生的邻居中，
不在十五楼，
那里，正在社会考察的学生也登不上去。

这个房间，他用以思考。
这个凹室，他用以睡眠。
这里，他接待客人。

---

1 诗人参观歌德故居后写的诗。故居位于德国魏玛，毁于二
战，后重修。

肖像、扶手椅、桌子、烟斗、地球仪、
长笛、磨损的地毯，玻璃走廊。
这里，他与裁缝、鞋匠互相鞠躬，
他们为他制作了得体的外套和靴子。

这一切与影盒中的照片并不一致：
塑料笔筒中干涸的圆珠笔，
新买的衣服挂于新买的衣柜，
一扇窗望着天空而不是路人。

他幸福？或是悲伤？
这无关紧要。
他依然在信中忏悔，
从不去想，在途中信会被打开。
他依然写着详尽而坦诚的日记，
并不知道，它会在一次搜寻中被取走。
最使他惊恐的是彗星的飞移，
世界末日只掌握在上帝的手中。

他足够幸运，并未死于医院，
在匿名的白色屏风后面。
仍有人在身旁记住
他的呓语。

有如他被赋予了

另一次生命：

他送书去装订，

未将死者的名字从记事本上划去。

生前栽于屋旁花园中的树

仍在为他生长：核桃树、

红橡、榆树、落叶松，

以及白蜡树 [1]。

1　此处的树名均为拉丁文。

一

一见钟情

他们两人都深信

一种突然的激情使他们结合在一起。

这样的信念是美丽的，

但犹疑不定更为美丽。

如果从未相遇，他们确信，

他们之间将什么也不会发生。

然而，从街道、楼梯、走廊传来的词语在说着什么？

也许，他们已无数次擦身而过？

我想问一问他们

是否已不再记得——

在某扇旋转门里

在瞬间，他们曾看见彼此的面容？

也许，在人群中，曾低声说"对不起"？

在电话里，不经意地说过"打错了"？

然而，我知道答案。

是的，他们已忘却。

他们如此惊异，多年来，

机遇一直

摆弄着他们。

机遇还没有准备好

成为他们的命运，

它将他们推近，又驱使他们分离，

它挡住他们的去路，

随后又闪到一边，

屏住了窃笑。

曾经有过一些迹象与征兆，

但他们未能解读。

也许是三年前，

或者就在上个星期二，

一片树叶

从一人的肩上飘至另一人的肩上。

一件东西掉了，又被捡起。

谁知道呢，也许是那只球，消失于

儿时的灌木丛？

门把上，门铃上，

一人先前的触痕被另一人的

覆盖。

他们寄存的箱子并排在一起。

有一个晚上，也许，他们做着相同的梦，

到了早上，却不再清晰。

每一个开始

仅仅是续篇，

事件之书

总是从中途开启。

墓志铭

这里躺着一个老派的女人，像个逗号。
她写过诗，大地赐予她
永恒的安息，的确，她的躯体
已不能参与任何文学派系。
一个朴素的坟墓？里面，唯有诗歌的正义、
这首简短的哀歌、猫头鹰和牛蒡。路人，
取出你随身的计算器，
用半分钟，测算一下辛波斯卡的命运。

辑 三

一粒沙看世界

一

惊 异

为什么正好是这个，而不是其他？

为什么这个特殊的自我，不住在鸟巢，

而在屋子里？身体封存于皮肤，而不是鳞片？

顶部不是覆盖着树叶，而是一张脸？

为什么此刻在地球上，在所有日子中的星期二，

为什么在地球上，束缚于这颗星星下？

无视我缺席的那么多年？

无视一切时日和命运中的诸海，

这些细胞、神仙，以及腔肠动物？

什么事物让我真实地显现

既不是一英寸，也不是遥远的半个地球，

既不是一秒钟，也不是幽眇的远古？

什么事物让我将自己填充得如此完满？

为什么此刻我凝视着黑暗，

低语着这无止尽的独白，

就像那狂吠的东西，我们称之为狗？

一

在众生中

我就是我。
一个总是比他人
更为费解的偶然。

我可能拥有不同的
祖先，毕竟，
我本来可以从另一个鸟巢
振翼起飞，
或者，身披鳞片，
从另一棵树下爬出。

大自然的衣柜
收纳着许多服饰：
蜘蛛、海鸥、田鼠。
每一件都极其合身，
那么尽职，直到被穿破，
成为碎片。

我依然无法选择，

但我不能抱怨。

我原本可能成为

不那么离群的事物。

来自蚁丘、鱼群、嗡嗡作响的蜂群的一分子，

或被风吹乱的景色的一部分。

一个少些不幸的事物，

为了我的皮毛

或圣诞晚餐而被饲养，

一个游动于方玻璃下的东西。

一棵树，扎根于土地，

当火焰逼近。

一片草叶，被奔逃的人群所践踏，

在那些难以理解的事件中。

一类阴暗的典型，他的黑暗

让一些人目眩。

我该怎么办？假如，我只能引发恐惧，

憎恶，

或怜悯？

假如，我
生错了部族，
所有的道路在我眼前封闭？

目前为止，命运对我
一直那么仁慈。

我可能从未被赋予
幸福时刻的记忆。

我对比喻的激情
可能早已被剥夺。

我也许只是我自己，毫无惊人之处，
也就是，
一个截然不同的人。

生　日

顷刻之间，这么多事物充满了世界——如此匆忙，如此喧嚣！

冰碛石、海鳗、贻贝、沼泽、

火焰、火烈鸟、比目鱼、羽毛——

如何将它们排列整齐，如何将它们聚集在一起？

以及这些灌木、蟋蟀、匍匐植物、小溪！

仅仅是这些山毛榉、水蛭就需要几个星期。

栗鼠、大猩猩、菝葜——

太感谢了，但是，过度的仁慈会杀死我们。

哪里有容器可以装下：疯长的牛蒡、溪流的潺湲、

秃鼻乌鸦的口角、蛇的蠕动，那么多，那么麻烦？

如何堵住金矿，按住狐狸，

如何对付猞猁、食米鸟、链球菌！

取走二氧化物，它如此轻盈，却强劲有力；

那么，章鱼呢，蜈蚣呢？

我检查了价格，却没有勇气：

这些商品我付不起，不是我应得。

日落是否有点过量，也许，双眼

不再睁开去看日出，谁知道呢？

我只是穿过这里，这是一个五分钟停靠站。

我看不到远处的东西；太近的，我又会混淆。

当我试着探测虚空之物的内在感受，

我一定会掠过罂粟和三色堇。

多么失败，当你想道，多少努力已被付诸于

完善这茎干、雌蕊、气味，

为了它们被准许的一次性显现，

多么冷漠的精确，多么脆弱的自负。

一

云

我必须迅速地
描绘云朵——
瞬间，
它们就会变形。

它们的特质：
绝不重复
形状、阴影、姿态、布局。

没有任何记忆的重负，
它们游弋于事实之上。

它们能见证大地上的事物？
当事情发生，它们便分散。

和云相比，
生活栖息于坚固的基础之上，
一成不变，近乎永恒。

在云旁，

甚至一块石头也像兄弟，

被你信任，

而云是疏远的表亲。

让想生存的人生存，

而后死去，一个接一个：

而云对

人间的事务

漠不关心。

它们傲慢的队列

安闲地漫游于你的全部生活之上，

以及我尚未完成的生活。

它们没有义务随我们逝去。

它们漂移时，也不必被人看见。

—

植物的静默

我们之间的熟悉是单向的，
进展得相当顺利。

我知道叶片、花瓣、穗子、球果、茎干为何物，
四月和十二月将对你们做些什么。

尽管我的好奇得不到回应，
我还是特意向你们其中一些俯身，
向另一些伸长脖子。

我已拥有一系列你们的名字：
枫树、牛蒡、獐耳细辛、
槲寄生、石楠、杜松、勿忘我，
你们却没有我的。

我们正一起旅行。
同行的旅人总是闲谈，
交换看法，至少，关于天气，
或者，关于一闪而过的车站。

不可能无话可说：我们拥有太多共同的话题。

同一颗星球使我们彼此联系在一起。

我们投下影子，依据同样的定律。

我们试着理解事物，以我们自己的方式。

那些并不知晓的事物，使我们更为亲近。

我将尽我所能解释这一切，随意问吧：

双眼看到的事物像什么，

我的心脏为了什么而跳动，

我的身体为何没有生根。

但如何回答无法提出的问题，

尤其是，当提问者

在你们面前如此微不足道。

林下植物、灌木林、草地、灯芯草丛——

我对你们所说的一切只是独白，

你们都没有倾听。

与你们的交谈是如此必要，却不可能。

如此紧迫，却被永远搁置，

在这次仓促的人生中。

一

恐龙骨架

亲爱的兄弟们，
我们眼前是一个比例失调的例子。
看！这副恐龙骨架矗立着——

亲爱的朋友们，
左边，我们看到一条尾巴伸入无限，
右边，脖子伸入另一个无限——

尊敬的同志们，
中间，在山丘一般的躯体下，
四肢陷入烂泥——

仁慈的公民们，
大自然不会犯错，却喜欢恶作剧：
请注意这个滑稽的小脑袋——

女士们，先生们，
这样细小的脑袋缺少用于预见的空间，
这就是为什么它的拥有者已灭绝——

可敬的贵宾们，

脑袋太小，胃口太大，

愚蠢的睡眠多于审慎的恐惧——

尊贵的客人们，

在这方面，我们拥有更完美的形体，

生活如此美好，世界属于我们——

尊敬的代表们，

星空在思想的苇草之上，

道德法则在它内部——

最敬爱的委员会，

这样的成就不会降临两次，

也许只能在这唯一的太阳之下——

最高委员会，

多么敏捷的双手，

多么雄辩的嘴，

肩上多么出色的脑袋——

至高无上的法官，

多少责任代替了消失的尾巴——

一

从无馈赠

从无馈赠，一切都是借用。
债务淹没我，已到眼睛。
我不得不
将自己用于抵债，
为了我的生命而放弃生命。

一切命中注定：
心将被收回，
以及肝，
每一根手指和脚趾。

撕毁契约，太迟了，
我的债务将被偿还，
我将被去毛，
更准确地说，被剥皮。

我徘徊于这颗星球上，
在簇拥的其余负债者中。
有一些，承受着重负，
支付自己的翅膀。

另一些，不管是否情愿，
必须以每一片树叶偿还。

我们身上的每个组织
都处于债务之中。
每一只触手和每一根卷须，
都不能留下。

无比详细的账册
暗示着，我们将一无所有，
不仅两手空空，
甚至连两手都要失去。

我记不起
何时、何地、为何借债，
我让人打开
账册，找到我的名字。

反抗这一切的
我们称之为灵魂。
这是唯一的
未列入账单的部分。

一

一粒沙看世界

我们把它称作一粒沙，

但是它并不自称为颗粒或沙子，

它没有名字，依然完好如初，

无论是一般的或别致的，

永恒的或短暂的，

不恰当的或贴切的名字。

我的一瞥、触摸，于它没有任何意义。

它并不能感觉到自己被看见，被触摸。

它坠落在窗台上，

这只是我们的经验，不是它的。

为此，这与坠落在其他事物上并无差别，

也无从确定，它已坠落，

或者，还在坠落。

对于湖泊，窗子可以看到美妙的景色，

但景色并不会观看自己。

它存在于这个世界，

无色，无形，

无声，无臭，无痛。

湖底并没有底部，

湖边也没有堤岸。

湖水感觉不到自己的湿润或干涩。

对波涛而言，无所谓单数或复数。

波涛将寂静地泼溅在自己的喧嚣之上，

在无所谓大或小的卵石上。

这一切都在天空之下，其实不曾有天空，

太阳落下，其实一点也没有下沉，

藏于心不在焉的云层，其实也并未藏匿。

风吹皱云层，唯一的理由是，

风在吹。

一秒钟逝去，

第二秒依然是一秒钟，

第三秒。

唯有对我们而言，这才是三秒钟。

时光飞逝，如一名携带紧急讯息的邮差。

但那只不过是我们的比喻。

人物是杜撰的，匆忙是假装的，

传递的也不是人的讯息。

—

洋　葱

此刻，洋葱是别的东西。

它的内部并不存在。

纯粹被称为洋葱的东西

充满了这只虔诚的洋葱，除此，别无他物。

它拥有洋葱的内在

以及洋葱的面容，

它追随着自身的恶魔，

无需人类的泪水。

我们的皮肤就像大地的

遮蔽物，无人敢于进入，

一个内在的地狱，

那解剖的诅咒者。

在洋葱的内部，唯有洋葱，

从头部到根部，

洋葱特有的狂热，

彻底的裸体。

处于平静之中，一片片，

在体内休憩。

在它内部，还有一只更小的洋葱

拥有不会贬低的价值。

第二只贮藏着第三只，

第三只含纳着第四只。

一曲向心的赋格。

被压缩的复调。

大自然的圆形肚子，

最伟大的胜利故事，

它将自己嵌入

荣誉光环的褶皱里。

我们拥有血管、神经和脂肪，

分泌物神秘的部分。

这样一个痴呆的洋葱状的完美之物，

并不为我们而存在。

一

我致力于创造一个世界

我致力于创造一个世界，
一个经过修订、改善的版本，
为愚人描绘欢乐，
为沉思者描绘忧郁，
为秃顶描绘梳子，
为老家伙描绘诡计。

这是第一章：动物与
植物的言语。
没错，每一种生物
都携带着词典而来。
当我们和一条鱼交谈，
即使一句简单的"嘿"，
也会让你和鱼的
感受变得异乎寻常。

长期受到质疑的
窸窣声、叽喳声、轰鸣声的意义！
森林的呓语！

猫头鹰洪亮的叫声！

入夜后，那些狡猾的刺猬

在起草箴言，

我们却盲目地相信

它们在公园中沉睡。

时间（第二章）秉持着

神圣的权力，去干涉

每一件尘世事务。

的确，时间拥有不受约束的力量，

让山峦崩溃，

移动大海，旋转每一颗星辰，

却不足以使情侣

痛苦地分离：他们

过于赤裸，过于羞愧，

太像两只胆小的麻雀。

在我的书中，苍老是

恶棍所要付出的代价，

那么，不要抱怨，虽然难以忍受：

只要你是善良的，就会持续年轻。

苦难（第三章）

不会凌辱身体。

死亡？在你的沉睡中到来，

这才是它应有的样子。

当死亡到来，你会梦见

你不必呼吸；

失去呼吸的寂静正是

黑夜的乐曲，

是火花消逝的

节奏的一部分。

唯有一次那样的死亡。我猜，

一朵玫瑰会无情地刺伤你；

在花瓣落地的声音中，

你会感到更加恐怖。

唯有一个那样的世界。就那么

死去。就这么活着。

剩下的唯有巴赫的赋格，在锯琴上，

被弹奏，

为那一时刻。

一

水

一滴水落在我手上,
源于恒河与尼罗河,

源于离开海豹的胡须进入天空的白霜,
源于在伊苏和提尔城破碎的水罐[1]。

在我手指所指之处,
里海会打开封闭的水域。

太平洋是鲁达瓦河[2]温顺的支流,
一样的水流漂浮于细小的云中,掠过巴黎,

在公元七百六十四年,
五月七日,凌晨三点。

没有足够的嘴说出
你那些转瞬即逝的名字,哦,水。

---

1 伊苏(Ys),传说中法国布列塔尼人的城市,建造于海岸
上水平面以下,由堤坝和大门保护。提尔城(Tyr),古代
腓尼基城市,在地中海东岸。
2 鲁达瓦河(Rudawa),波兰南部河流,流经克拉科夫城附近,
辛波斯卡晚年住在此城。

我必须以每一种语言命名你，
在一瞬间，说出所有字母。

同时，我还要保持沉默——为了那个
尚未被命名，

并不存在于大地上的湖泊，如那颗星辰
倒映在湖中，却不在天上。

有人溺水，有人奄奄一息时
向你求救。在很久以前，在昨日。

你将房屋从大火中救出，你攫走了
房屋与树木，森林与城镇，等等。

你在圣水盆中，你在交际花的浴缸中。
在棺木中，在亲吻中。

你正侵蚀石头，滋润彩虹。
在糖果中，在金字塔与丁香花的露水中。

雨滴多么轻盈，
世界给我的触摸多么温存。

不管何时何地所发生的何种事情，
都被写在了巴别塔的水上。

辑　四

灵魂朴素，如梅子的核

一

火车站

我没有抵达 N 城。
我的缺席发生在这个地点。

一封未寄出的信，
使你警醒。

你并未如期出现，
按照约定的时间。

火车停在三站台。
许多人下车。

我的缺席加入了人群，
当它行走在通向存在的路上。

匆忙的人群中，
几个匆忙的女人
取代了我的位置，

有人向人群中的一个女人跑去。

我并不认识他，

但那女人

迅速地

认出了他。

他们接吻，

并不以我们的嘴唇，

一只手提箱失踪了，

但那不是我的。

在客观的存在中，

N 城的火车站

以飞翔的色彩

通过了测试。

整个火车站留在原处，

一列列特别的火车

却沿着指定的轨道疾驶。

即使一次约会

也发生在预先的安排之中。

超出了我们的
存在所触及的范围。

发生于或许存在的
失乐园中。

在别处。
在别处。
这些细小的词语多么动听。

一

洞 穴

墙上空无一物，
只有潮湿。
这里又黑又冷，

却是火熄灭后的
寒冷与黑暗。
空无一物，却是
一头绘成赭色的野牛剩下的虚无。

空无一物——却是野兽
眉毛低垂的长期抵抗后
剩下的虚无。
那么，这是一种"美丽的虚无"，
值得将开头的字母大写。
一个异端，反对着乏味的虚无，
顽固，骄傲于差异。

空无一物——却在我们之后，
我们来过这里，
吃过自己的心，
喝过自己的血。

空无一物：
只有我们未完成的舞蹈。
在火边，首先照到你的
大腿、手臂、脖子、脸。
首先照到我被小小的
帕斯卡尔填满的腹部。

寂静，却在声音之后，
却不是迟钝的寂静。
寂静曾拥有自己的喉咙，
拥有长笛和手鼓。
寂静被笑与嗥叫
移植到这里，如野生植物。

寂静 —— 却在被眼睑增强的
黑暗之中。
黑暗 —— 穿透皮肤与骨头的
寒冷之中。
寒冷 —— 却是死亡般的寒冷。
在地球上，也许是将成为第七个天堂的
天空中的地球？

脑袋前伸，从空无中起飞，
你多么想知道。

从天而降

魔法消失了，而巨大的力量

仍在搏动。八月之夜，

你不能确定什么事物会从天而降：

一颗流星？或者另一些属于高空的事物？

许愿是一个过时的错误吗？

如果天堂仅仅知道制约我们的事物。

在我们的现代头脑之上，黑暗依然是黑暗，

但是一些闪光难道不能解释："我是火花，

我发誓，一束彗星尾巴上摇落的

闪光，只不过是一些太空的碎石；

我不会坠落于明天报纸上，

那是另一束临近的火花，它的引擎出了问题。"

一

风景画

在大师的风景画中，
树根扎入颜料内部，
毫无疑问，小径抵达了尽头，
签名被严肃的草叶所取代，
这是雄辩的下午五点钟，
五月已被温和又坚决地扣留。
于是，我踟蹰。不过，亲爱的，为什么
我是那个站着的女人，在桦树下。

看看我已离你多远，
看看我身上的白帽与黄裙，
看看我仅仅抓住手中的篮子，不让它从画中滑落，
我在另一种命运中炫耀自己，
在生动的神秘中休憩了片刻。

即使，你叫我的名字，我也不可能听见，
即使听见，我也不可能转身，
即使，我完成了不可能的转身，
对我而言，你依然具有陌生人的面容。

我熟悉周围六公里的世界。

我熟悉治愈疼痛的草药和咒语。

上帝俯视着我头上的冠冕，

我还祈祷自己不会突然死去。

战争是惩罚，和平是赏赐。

一切羞愧的梦源于撒旦。

我的灵魂朴素，如梅子的核。

我不懂心灵的游戏。

我从未见过孩子的父亲裸身。

我从未见过《雅歌》的手稿，

那么潦草、肮脏。

我想说的都在习语中到来。

我从未使用过绝望，尽管它的确为我所有，

我被赋予了绝望，只为妥善保管。

即使你挡住我的去路，

即使你注视我的脸庞，

我将沿着深渊与你擦身而过，那深渊的边沿比发丝还要细小。

右边是我的屋子。从每一个方向上，我对它了如指掌，

沿着台阶，和通向大门的小径，

在它内部，生活进行着，尚未被描绘。

猫跳上一只长凳，

阳光在锡壶上闪烁，

一个瘦削的男人坐在桌旁，

修理钟表。

—

向超音速飞机致敬

今天，比声音更迅速，
明天，即将超越光的速度。
我们将把声音变成"乌龟"，
把光变成"兔子"。

这两种出自古老寓言的
高尚动物，
一个卓越的组合，从过去岁月以来，
一直在竞赛，公平而正直。

你们跑了这么多次，
穿越低洼的土地。
如今，你们在尝试另一条跑道，
穿越那高远的蓝天。

这条轨道全部属于你们。我们
不会进入你们的路线：到那时，
我们已动身去追逐
自己，而不是你们。

一

π

令人起敬的数字 π，

三点一、四、一。

余下的所有数字都是原初的，

五、九、二，它从不终止。

你不能通过一瞥将它看透，六、五、三、五，

八、九，不能通过计数，

七、九，不能通过想象，

甚至，三、二、三、八，不能通过智慧，不能将

四、六，与世上的

其他事物，二、六、四、三，比较。

世上最长的蛇超不过四十英尺，

神话与传说中的蛇，也是如此，尽管可能稍长一些。

组成数字 π 的序列

却不会在纸张的边缘结束。

它将在桌子上继续伸展，进入空气，

越过墙、树叶、鸟巢、云，升入天空，

穿越辽阔的深不可测的天堂。

哦，老鼠、猪甚至彗星的尾巴都那么短小！

星辰的光线那么微弱，与空间撞击而弯曲！

此处，我们有：二、三、十五、三百一十九，

我的电话号码，你的衬衫尺寸，

一九七三年，第六层，

居民的人数，六十五分钱，

臀围，两根手指，字谜，密码，

我们还会发现：欢迎你，无忧的精灵，你从未成为一只鸟，

旁边是：女士们，先生们，无须惊慌，

以及：天空与大地将逝去，

但数字 π 不会，不，从来不会，

它将保持前行，以那个光辉的五，

以及那个不凡的八，

与终点相距甚远的七，

推进，不断推动着一个迟缓的永恒

继续前行。

一

托马斯·曼

亲爱的美人鱼，事情即将发生。

心爱的农牧神，高贵的天使，

进化已果断地将你们驱逐。

这并非缺乏想象，

只是你们泥盆纪的尾鳍和冲击岩般的胸脯，

长有指头的手和分趾的脚，

两侧长着双臂，而不是翅膀，

难以想象的双重骨架，

不合时宜的尾巴，负气伸出的犄角，

古怪的喙，变异的杂糅，

鳍状或长毛的褶边和皱褶，

人类与苍鹭之间精妙的对称，

如果人类的后代预知一切，永生，能飞，

你必须承认，这是一个气人的笑话，

过度，持续不断，无休止的麻烦，

大自然并不喜爱也不允许的麻烦。

总之，大自然不允许鱼会飞，
敏捷而挑衅地飞。而每一次飞升
抚慰我们束缚于规则的世界，将它从
必然性的限制中释放——比世界成为世界
更丰盈。

不错，大自然允许我们繁复的精美，
有如：鸭嘴兽给幼崽喂奶。
大自然也许会反对——我们中间谁将发现
自己已被抢劫？

　　　　　　　最好是，
大自然莫名地想念那一时刻：一只哺乳动物出现，
他手上奇迹般长出一支钢笔。

Poems New and Selected
Wisława Szymborska
我 曾 这 样 寂 寞 生 活

123

—

在赫拉克利特[1]的河中

在赫拉克利特的河中，

一条鱼正忙着捕鱼，

一条鱼用另一条尖利的鱼取出一条鱼的内脏，

一条鱼创造着另一条鱼，一条鱼栖居于另一条鱼的体内，

一条鱼从另一条被包围的鱼中逃离。

在赫拉克利特的河中，

一条鱼爱上另一条鱼，

它说，你的眼睛闪烁如天上的鱼群，

我将与你一起游向大海，我们共享着这个大海，

哦，鱼中的佳人。

在赫拉克利特的河中，

一条鱼构想着鱼中之王，

一条鱼跪向这条鱼，一条鱼向这条鱼歌唱，

一条鱼祈求这条鱼，让自己作为鱼的命运得以缓解。

---

1 赫拉克利特（Heraclitus），古希腊哲学家。一个重要的观点是
万物皆流，著有名言："人不能两次走进同一条河。"

在赫拉克利特的河中，

我，这条特立独行的鱼，与众不同的鱼，

（至少区别于树鱼和石鱼），

我写作，在孤独的时刻，写一条微小的鱼，或两条，

它们闪亮的鳞片，转瞬即逝，

也许只是黑夜羞涩地眨了一下眼睛。

一

画 像

如果，上帝的选民都死得如此年轻——
那么，你如何处置余下的生命？
如果，年轻是生命的巅峰，
那么，苍老就是一个深渊。

我不想变老。
我要保持年轻，即使必须单腿站立。
我要凭借胡须依附于空气，
尽管这胡须细小如老鼠的叫声。
以这种姿态，我不断地获得重生。
这是我唯一懂得的艺术。

然而，我将永远是这些事物：
魔法手套，
饰花，它们留存于第一次假面舞会，
假声，年轻人用以表示抗议，
表情，来源于女裁缝关于赌场老板的梦，
眼睛，我喜欢从自己的画作中摘取，
散落，如来自豆荚脱落的豌豆，

因为，一见到这些景象，一阵抽搐就会掠过青蛙

僵硬的双腿，

那只家喻户晓的青蛙[1]。

你也会感到惊异。

惊异：为第欧根尼的所有木桶[2]。

我依然要揍他，由于他是概念论者。

为你永恒的休憩

祈祷。

我手中抓着

蜘蛛，我将它们蘸上中国墨汁，

掷向画布。

我再一次进入了世界。

一个新的肚脐

在艺术家的腹部盛开。

1 这里可能指格林童话中那只受了诅咒的青蛙。

2 第欧根尼（Diogenēs），古希腊哲学家，犬儒学派代表
人物。主张禁欲，回归自然。他苦行的典范事件是，居住
在木桶内，实践简朴的生活。

—

分类广告

如今，无论谁，一旦发现在任何地方
可以触及怜悯（心的想象），
就急于为它命名，
并且，以饱满的声音歌颂它，
带着疯狂与欢愉起舞，
在孱弱的桦树下，几乎
处于眼泪的边缘。

我用一切语言
教人以沉默。
通过细致地观察这些事物：
星辰密布的天空，
中国猿人的下颌，
一只蚱蜢的弹跳，
一个婴儿的手指甲，
浮游生物，
一片雪花。

我修复失落的爱。
现在就行动！特别的提议！

你躺在去年的草上，

沐浴着阳光，闲谈，

往昔夏日的风

爱抚你的秀发，有如

在远方引领你。

为了深邃的细节，写下：梦。

招聘一个人：为

死于养老院的

孤独老人服丧。

申请者，无须寄来表格

或出生证明。

在今天或迟些日子，

所有文件将被撕毁，

将不再开出票据。

至于丈夫许下的承诺，

我不能负责，

他以甜美的颜色、香味和声音——

狗叫、大街上的吉他——

诱惑了那么多人，

并使他们相信

终究可以克服孤独与惊恐。

白昼先生的寡妇，夜晚女士。

任何事情都不可能发生两次

任何事情都不可能发生两次
结果，事实令人遗憾：
我们猝不及防地来到这里，
离开时也没有机会完成一切。

甚至，即便没有任何蠢人，
即便你是这颗星球上最大的傻瓜，
你也不能重复夏季的课程，
过程只提供一次。

没有哪一天复制昨日，
从没有两个夜晚可以教人何为极乐，
通过彻底一致的方式，
以两个毫无差别的吻。

某一天，也许，一些闲散的舌头
偶尔提及你的名字：
我感到，有如一朵玫瑰被掷入
房间，各种色彩与芬芳。

第二天，即使你与我在一起，
我也会情不自禁地看着时钟：
玫瑰？玫瑰？还会是什么？
一朵花，或，一块石头？

为何，我们以这么多不必要的
恐惧与忧伤，对待飞逝的时光？
日子不会驻留，这是它的天性：
今天一再逝去，成为明天。

带着微笑与亲吻，我们偏爱
搜寻一致的事物，在我们的星辰下面，
虽然，我们互不相同
（我们承认），像两滴水。

一

故事梗概

约伯[1]，在肉体和财富历经痛苦之后，就诅咒人类的命运。这是伟大的诗。他的友人们来了，撕裂自己的衣服，在上帝面前拷问约伯的罪孽。约伯哭喊着，说自己是正直的。他不清楚，上帝为什么要惩罚他。他只想与上帝交谈，而不是他们。上帝乘着旋风马车显现。在约伯的伤口上，骨头裸露出来，上帝却在他眼前，赞美自己的造物：天空、海洋、大地，以及大地上的野兽。特别是比希摩斯和利维坦[2]两只巨兽，神为它们骄傲。这是伟大的诗。约伯听着：上帝并未切入正题，这正是他所期望的。于是，约伯赶紧拜伏于上帝跟前。此时，一系列事件陆续发生。他重获了驴、骆驼、牛羊，并且都增加了一倍。皮肤重新覆盖了裸露的头骨。约伯顺从着。他赞同这一切。他并不想破坏这部杰作。

---

1 约伯（Job），《圣经》人物，历尽危难，仍坚信上帝。
2 比希摩斯（Behemoth）和利维坦（Leviathan），《圣经》中的两只巨兽，又分别译为河马和鳄鱼。

辑　五

別的房间，別的声音

一

与死者密谈

在何种情形中，你梦见死者？
入睡前，你是否想到过他们？
谁最初现身？
他总是同一个？
名字？姓氏？墓地？忌日？

他们与什么相关？
旧友？亲戚？祖国？
他们会告诉你来自何处？
谁跟在后面？
除了你，还有谁在梦里见到他们？

他们的面容还与相片一样？
他们是否随着时光一起苍老？
他们是否健壮？是否面色苍白？
被谋杀者的伤口是否痊愈？
是否依然记得谁杀死了他们？

他们手里拿着什么？描述一下这些东西。

烧焦的？发霉的？生锈的？腐烂的？

什么在他们的目光中？乞求？威胁？再具体点。

你们只是谈一谈天气？

花？鸟？蝴蝶？

他们没有提出令你尴尬的问题？

如果有，你如何回答？

代之以审慎的沉默？

或回避，转变梦中的话题？

或及时醒来？

—

卡珊德拉¹的独白

这是我，卡珊德拉。
这是躺在灰烬下的城市。
这是我用来预言的手杖和绶带。
这是我充满质疑的脑袋。

的确，我是胜利者。
我的预言之辞燃烧着，像空中之火。
只有不被承认的预言家
才能获悉这景象的秘密。
而那些一开始就在邪路上的
其预言实现得那么迅速——
一如它们从未有过生命。

我的记忆如此清晰——
一看见我，人们就沉默不语。
笑声止息。
恋人松开了手。

---

1 卡珊德拉（Cassandra），古希腊神话中的女预言家。

孩子跑向母亲。

我甚至不知道他们变化无常的名字。

至于那首关于一小片绿色的歌——

从没有人在我面前将它唱完。

我爱他们。

但我的爱如此傲慢，

出自高处，超越于生活之上，

源自未来。在那些空洞而

虚无之处，更容易看见死亡。

抱歉，我的嗓音如此生硬。

从星辰俯瞰你们的生活，我喊叫着，

从星辰俯瞰你们的生活。

他们听见了，然后垂下眼睛。

他们在生命中生活，

被剧烈的风穿透。

命中注定。

被囚禁于离世的身体。

在自身内部，他们承受着潮湿的希望，

一朵火焰燃烧于自己的颤抖之中。

他们懂得瞬间意味着什么，

任何瞬间，

在此之前——

这一切显示我是对的。

然而，什么也没有发生。

这是我的衣服，已被轻度烧坏。

这是我用来预言的垃圾。

这是我扭曲的脸，

它不知道自己能够变得更美。

—

一幅中世纪微型画

在青翠的山上，
一个骑马者的游行队伍，
人们穿着丝绸披风。

向着一个城堡行进，那里有七座塔楼，
每一座都高耸入云。

最前面，是一位公爵，
并不胖得滚圆，为此受到了阿谀。
他的身边，公爵夫人，
年轻，美丽，无与伦比。

他们的背后，是一些侍女，
貌美如画，逼真，
随后，一个最年轻的男侍，
在他肩上，坐着
一个酷似猴子的东西，
长着古怪的脸
和尾巴。

他们身后，是三位骑士，

不过，每一位看上去都是两位或三位，

如果第一位有着令人恐惧的面容，

第二位则有着令人望而生畏的镇定，

如果他腾跃于栗色骏马之上，

第三位的栗色马匹颜色更深，

十二只马蹄瞬间掠过

路边的雏菊。

然而，谁如果一脸沮丧，疲惫，

目光斜视，肘部裸露，

他必定会被排除于这幅画面。

甚至，最无关紧要的问题，

自由民或农民，

无法生存于这片极其蔚蓝的天空之下。

即使是鹰一般敏锐的眼睛，

也无法侦察出最小的断头台——

无物投射出一个疑问的轻盈影子。

就这样，他们愉悦地行进，

穿越最封建的现实。

然而，还需要留意画面的平衡：

在另一个画框中，它已被赋予地狱。

哦，是的，这一切进行着，

无需最静默的言语。

一

躲入方舟

一场无止尽的雨刚刚开始。
躲入方舟，否则你无处可去，
你，无人应和的诗，
私人的狂喜，
一无用处的天赋，
多余的好奇，
抵达不了远处的忧伤和恐惧，
从六个方面观看事物的渴望。

河水上涨，冲垮了堤岸，
躲入方舟，你，半明半暗的色调，低沉的声音，
你，细节，装饰，奇想，
愚蠢的例外，
被遗忘的印迹，
数不尽的灰色影子，
为了游戏的游戏，
欢愉的泪水。

视线所及之处，是水和隐约的地平线。
进入方舟，谋划，为了遥远的未来，
愉悦异于往昔，

钦慕更善良的人，

机遇不会降低为艰难的抉择，

疑虑变得过时，

是时候深思了，

确信这一切

将迅速到来。

为了孩子们——

我们依然是孩子，

童话拥有幸福的结局，

此处，这也是唯一的结局。

雨停下，

浪将止息，

在明澈的天空中，

乌云将消散，

而这些云都将回返，

在我们头顶，如其应有的样子：

高傲，却无忧无虑，

如那些在阳光下

逐渐干燥的事物——

极乐之岛，

羊群，

花椰菜，

尿布。

一

在冥河上

孤独的灵魂，这就是冥河。

是的，这就是冥河。你为何如此困惑？

一旦卡戎[1]通过扬声器

读着备好的讲稿，让女神为你

贴上姓名的徽章，渡你到岸边。

（女神？她们逃离你的树林，在这里加入了

职事人员的队列。）探照灯将暴露

由坚固的混凝土与钢铁建成的码头，

以及气垫船，它那蜜蜂般的嗡嗡声，

在卡戎曾划动木桨之处回响。

人类正在成倍增加，即将超出界限，

亲爱的灵魂，一切异于从前。

摩天大楼、板结的荒地和肮脏的空气：

风景已被损毁，难以修复。

安全而高效的输送（成千上万的

亡灵服务于此处，一切种族、信仰和性别）

对城市规划提出了要求：于是，展馆、

---

1 卡戎（Charon），希腊神话中在冥河上引渡亡灵的艄公。

水房、干船坞和办公室交错在一起。

赫尔墨斯[1]身处诸神之中，我亲爱的灵魂，

他作出了一切预言和算计，

当革命与战争正席卷而来，

那么，我们的船只必须预订。

渡冥河的单程旅行是免费的：

数米长的告示牌，"无须

投币"站立于左侧，如你所见，

但只是为了向我们提醒旧时光。

从一号码头的第十九、第四部分，

你登上第十八、十六号气垫船——

挤满大汗淋淋的灵魂，但是，在船舱，

你仍可以发现一个座位（我将在电脑上预订）。

此刻，地狱（让我将文件凑近）

也已超额订出——无法将它撑大。

一蹶不振的灵魂全都在死去，不能逃出，

被禁止喝我瓶中最后半滴忘川之水。

别信仰来世，只有一味的怀疑，

才能让你少一点苦难，可怜的灵魂。

---

1 赫尔墨斯（Hermes），希腊神话中诸神的信使，兼商业、
航海神，希腊各种竞技的保护神，并负责引导亡魂到冥府。

一

罗得[1]之妻

他们说，我出于好奇才回望了一下，

然而，我还有其他理由。

我回望，是可惜我的银碗。

我系着鞋带，心不在焉。

于是，我不必注视着丈夫

挺直的颈背。

我忽然确信，即使我死去，

他也不会迟疑一下。

出于顺从者的反抗，

为追赶者而突然停顿。

被寂静击中，我希望上帝已改变丈夫的主意。

我们的两个女儿正消失于山顶。

我感觉老了。距离。

徒劳的漂泊。麻木。

我回望，为了把行囊放下。

---

1 罗得（Lot），《圣经》人物，摩押人和亚扪人的始祖，以色列人始祖亚伯拉罕的内甥。上帝欲毁灭淫乱之城索多玛和蛾摩拉，派天使营救居住于索多玛城的罗得一家，天使告诉他们要往山上跑，但不可回头。然而，在跑的过程中，罗得的妻子却回望了一眼，结果变成了盐柱。

我回望，因为不知道脚应踩于何处。

蛇出现在我的路上，

还有蜘蛛、田鼠和小秃鹫。

它们既不善良也不邪恶 —— 每一个活着的生命

只是单纯地爬行、跳跃，在巨大的惊恐中。

我在忧伤中回望。

我羞愧，我们是偷偷逃走的。

我想哭泣，回家。

或者，只有一阵突然的风，

解开我的头发、撩起我的衣服。

就好像，他们在索多玛城墙上望着我，

爆发出响亮的笑，一次又一次。

我在愤怒中回望，

品尝他们可怕的命运。

我回望，由于所有这些给出的原因。

我不由自主地回望。

只有岩石在我脚下旋转，对着我轰鸣。

一条突然的裂缝阻挡了道路。

一只仓鼠的后脚跟跄于裂缝的边缘。

这时，我们一起向后瞥视。

不，不。我继续奔跑。

我爬行，我飞奔，

直到黑暗从天上降落，

以及灼热的沙砾、死去的鸟。

任何看见我的人都以为我在跳舞。

这并非不可思议,我的眼睛睁开。

我面对着城市倒下,这是可能的。

一

活 着

这些天，我们只是维持他的生命。
维持，让他活着。
只有心脏
在他体内跳动。

对于我们的
沮丧的雌性同类，蜘蛛，
他并不会被吞食。

我们允许他的脑袋
几个世纪前就已获宽恕的脑袋，
休憩在我们的肩上。

为一千个凌乱的理由，
我们练习
倾听他呼吸的声音。

被我们的神秘所驱赶。
被我们血腥的方式所毁坏。
被女人的威胁所剥夺。

只有指甲
仍在闪光，抓东西，缩回。
它们是否了解，
是否可以猜到，
它们是出自家族财富的
最后一套银器？

他早已忘记
可以逃离我们。
他不知道巨眼怪兽
用短发攫住你。

他看起来有如
刚刚出生。
一切都源于我们。
一切都属于我们。

在他脸上，
是睫毛祈求着的影子。

在两个肩胛之间，

是伤感的汗流。

这就是他此时的样子，

也是即将入睡的样子。

逼真。

他被死神抱着，

死神的许可已经逾期。

一

拉撒路 [1] 去散步

如今，教授已死过三次。

第一次死后，他们教他转动脑袋。

第二次死后，他学会了如何坐起来。

第三次死后，他们甚至让他站了起来。

由一位强壮、丰满的保姆扶着：

让我们去散一会儿步，好吗，教授？

那次事故后，严重的脑损伤

然而 —— 人们的惊讶不会休止 —— 他已取得了那么多成绩：

左右、明暗、树和草、疼痛和吃东西。

二加二等于几，教授？

二，教授回答。

至少，他的感受正在复苏。

疼痛、草、坐下、长凳。

但在公园的边沿，那只苍老的鸟

---

1 拉撒路（Lazarus），《圣经》人物，在《约翰福音》中，死后四日，
耶稣使他复活。

不是粉红，也不是樱桃色，

已被赶走三次，

他真正的保姆，或者，她会说 —— 谁知道呢。

他想走到她身边。又一次发怒。

多么丢人。这一次，他走得那么近。

一

人口普查

在特洛伊曾经屹立的山上，
他们挖掘出七座城市。
七座城市。对于一部史诗，
即便六座也已太多。
如何处理这些城市？如何？
六韵诗爆裂了，
裂缝中露出非虚构的砖，
损毁的墙寂静地升起，如在默片中。
烧焦的横梁，断裂的铁链，
失去底部的水罐已经流干，
多产的护身符，橄榄核，
可触及的头骨如明天的月亮。

我们储存的古老时光在持续生长，
正在溢出，
粗鲁的涉水者簇拥着，试图在历史中占据一个位置，
一大群刀剑的喂食者，
赫克托尔[1]的无名部下，与他一样英勇，

---

1 赫克托尔（Hector），古希腊神话中的英雄，特洛伊城王子、
第一勇士，死于和阿喀琉斯的决斗中。

成千上万张独一无二的脸，

在一切时间中既是最初的，也是最后的，

每张脸上都有一双不可复制的眼睛。

活着，对这些一无所知，是如此轻易，

如此感伤，如此无拘无束。

我们该给他们什么？他们需要什么？

一些几乎无人的世纪？

对金匠艺术的小小赞美？

三十亿法官

拥有我们自身的问题，

我们不善言辞的贫民、

火车站、露天看台、游行队伍、

大量遥远的街道、楼房和墙壁。

在百货商场，我们彼此擦身而过，每一次都是永恒，

还买了新水壶。

荷马在统计局工作，

但谁也不知道他在业余时间做什么。

一

在盛大的白昼

他将在
山上的旅馆中度假，他将
下山吃午饭，从窗边的桌子，
他将审视四株云杉，从树枝到树枝，
并未抖落新雪。

山羊胡，秃顶，
灰发，戴眼镜，
脸上长着一个赘疣，起皱的额，
有如一层泥土盖住了大理石天使 ——他不知道，
何时变成了这样。
倘若不死，代价将
逐步提高，虽不是飞升，他仍要
付出代价。
至于耳朵，只被子弹擦伤，
在最后一瞬恰好低头，他会
说道："真他妈走运。"

等着面汤被端上来，他将

读当天的报纸，

大幅的标题，小字的广告

或在白桌布上敲着手指，他的手

饱经风霜，

皮肤皲裂，青筋凸起。

忽然门外有人喊叫：

"巴琴斯基[1]先生，你的电话"——

没什么可以惊奇的，

这是他的电话。他起身，抚平毛衣，

慢慢移向门口。

看到这一情景，没有人会

停止交谈，没有人会

凝固于姿势、呼吸之中，

因为，这件平常的事，将

被视为——多么遗憾——

一件平常的事。

---

1 巴琴斯基（Krzysztof Kamil Baczyński），波兰"战争一代"中极富才华的诗人，死于1944年华沙起义，年仅二十三岁。

一

死者来信

我们读着死者来信，如无助的诸神，

但毕竟是神，我们可以预知未来之事。

我们知道，哪些债务不必偿还，

哪些寡妇将与温暖的身体再婚。

贫穷的死者，盲目的死者，

受骗的、犯错的、谨慎得有点可怜的死者。

我们看见人们在背后做鬼脸。

我们听见遗嘱被撕成碎片。

坐在我们面前的死者那么可笑，像坐在黄油面包上，

或者，像在发疯地追逐吹落的帽子。

他们品味低劣，拿破仑、蒸汽机和电力，

他们对于可治愈的疾病的误诊，

圣约翰的愚蠢启示，

让·雅克[1]在地上伪造的天堂……

在静默中，我们观看他们棋盘上的兵卒，

尽管，接着要走的三步我们都已知晓。

死者预期的每一件事，实现的样子总会截然不同，

---

1 让·雅克（Jean-Jacques），可能指法国哲学家、作家卢梭。

或略有差异——其实还是彻底不一致。

他们中最热情的人凝视着我们的眼睛，深信不疑：

他们的算计告诉自己，他们将在我们眼中发现完美。

一

影　子

我的影子是一个小丑，
它的感情常被自己的路径伤害，
它上升于王后的身后，
脑袋会撞到天花板。

它生活于二维世界，
是的，不过平庸的笑话也能变得智慧。
它试图藐视我的法庭规则，
放弃熟悉于心的角色。

王后从窗台俯身向外，
小丑跌入现实世界：
如此，它们在行动上产生了区分。
然而，不是一半对一半。

我的小丑承担了
皇室姿态的无耻，
而这是我无力承受的——
长袍、王冠、权杖，以及其他。

我将保持平静，不去感受任何事物，
是的，当我告别之后，
我将转过头，我的王，
某一天，在 N 火车站。

我的王，是这个小丑
将横卧于铁轨上。是这个小丑，不是我。

特洛伊城中的片刻

一群少女——
那么瘦弱，顺从于
雀斑的顽固的驻留。

她们走在世界的眼睑上，
周围的人却漠不关心，

她们的面容犹如父亲或母亲，
这让她们感到了切近的恐惧——

进餐到一半的时候，
书看到一半的时候，
研究镜子的时候，
被猝不及防地带入特洛伊。

在宽敞的化妆室，顷刻之间，
她们都变成了迷人的海伦。

在丝绸的窸窣声和赞美声中，

她们攀升着宫殿里的阶梯。

她们感到轻盈。她们知道

美就是安逸，

嘴唇塑造话语的意义，

姿态雕刻着自己，

在受到驱使的冷酷之中。

她们秀气的脸，

值得撵走那些使臣，

骄傲地呈露于脖子上，

这脖子值得无数次围观。

高大、皮肤黝黑的电影明星们，

女友的兄长们，

那个艺术课教师，

哎，都必须斩首。

少女们

在一个塔楼上，微笑着，

观看灾难。

少女们

紧拽着手，

陶醉于带来幻象的绝望。

少女们

站在废墟的背景中，

戴着冠饰，上面折射着燃烧的城市，

戴着耳环，上面承载着举国的悲痛。

脸色苍白，没有一滴眼泪。

得意消散了。坐着，面对眼前的场景。

惊恐于必然降临的

回返时刻。

少女们

正在还乡。

一

亚特兰蒂斯 [1]

它们存在，或不存在。

在一个岛屿上，或不在。

一个海洋，或不是海洋

吞没了它们，或并未吞没。

那里，会有人爱上别人么？

会有人唆使别人斗殴么？

一切都发生了，或没发生，

在那里，或在别处。

那里，曾屹立着七个城市。

我们这样想。

它们试图永远屹立。

我们猜测。

他们什么也不能够从事，不能。

他们能够经营一些事情，能够。

---

1 亚特兰蒂斯（Atlantis），也译作大西洲、大西国，传说
中沉没于大西洋的岛屿或大陆，曾经文明极盛。

他们是臆想的，可疑的，

无须纪念的。

从空气、火、水，或土地，

并不获取什么。

不能容纳于一块石头

或雨滴。

不适于被紧绷着脸用作

故事的寓意。

一颗流星陨落，

不是流星。

一座火山爆发，

不是火山。

有人在召唤事物，

没有事物被召唤。

在这或真或幻的亚特兰蒂斯。

有些事发生时那么寂静

—

事件的版本

即便我们被允许选择，
也可能永远无从决定。

我们被赐予的身体并不适宜，
已磨损得这么可怕。

满足饥饿的方式
令我们生厌。
我们被盲目的遗传
和暴戾的腺体击败。

那个本应怀抱我们的世界
正无休止地分崩离析，
因果关系摧毁了它。

个体的命运
被赋予我们，为了审视：
多数命运被我们拒绝，
带着恐惧与忧伤。

问题自然地出现，比如：
谁需要
分娩死婴的阵痛，
以及，既然永远不能抵岸，
为何要当水手？

我们赞成死亡，
但不是以任何形式。
爱吸引着我们，
是的，但必须是
兑现承诺的爱。

无常的标准
和艺术作品的短暂
让我们忧虑于缪斯的劳作。

每个人渴望一个
不存在邻国的祖国，
渴望度过完整的一生，
在两次战争的间隙。

没有人希望掌握权力，
或屈服于它。

没有人想要成为牺牲品，
为了自己或他人的幻想。
没有人自愿进入拥挤的
集会和游行，
愿意对衰亡中的部族保持缄默——
尽管，缺少这一切，
历史，将无法遵循原定路线，
穿越诸世纪来到这里。

此时，无数
闪耀的星辰
熄灭，变冷。
是时候作出决定了。

声明了那么多预留位置之后，
申请者终于出现，
他们申请众多的治病术士和探险家，
几个前程渺茫的哲学家，
一两个无名的园丁，
艺术家或鉴赏家——
然而这些人
并不能胜任，
我们又缺少其他类型的申请。
是时候思考
整个事情了。

我们被施予了一场旅行，

我们一定会迅速返回，

却不能实现。

一场处于永恒之外的旅行，

单调，无论他们说些什么，

都对时间的流逝熟视无睹。

也许，机遇不再出现在我们的路上。

我们被怀疑围困。

是否可以预见一切，

真的可以知道一切？

预先作出的决定，

是否可以是任意一种选择？

如果忘记这个问题，

如果只在抵达现场时，

我们才作出选择，

我们的境况是否会改善？

我们看着大地。

一些铤而走险的人已栖居在那里。

一束虚弱的野草，

攀附着岩石，

盲目地相信，

风不会将它们扯下。

一只瘦小的动物

掘洞逃走，

以令我们疑惑的

力量与希望。

我们却如此谨慎，

小气，可笑。

无论如何，我们的队列开始缩小。

我们中最耐心的人已消失。

他们被留下，迎接火边的初次审判，

这一切明白无误，

尤其是，在真实火焰的照耀下，

他们将开始点火，

在一条真实河流的陡峭堤岸上。

有几人

已动身返回。

但不是我们的方向。

手里似乎带着一些战利品。

—

评一首尚未写下的诗

在这首诗的最初几个词里，

女诗人说，地球很小，

天空却过于庞大，

那里，我引述："太多星辰，超出了我们的需要。"

在她对天空的描述中，我们可以探测出一种无助，

女诗人迷失于这令人恐惧的巨大领域，

她为这颗星球的死寂而震惊，

一个疑问升起

在她的头脑之中（这个说法不准确）：

最终，我们是否孤独，

在太阳下，在所有闪耀过的太阳下？

无视一切可能性的律法！

以及当今被普遍接受的各种假说！

面对随时会落入人类手中的

无可辩驳的证据！这是为你们而写的诗！

此时，我们的女游吟诗人回到了地球，

她宣布，这颗行星，"旋转，而无需见证者"，

这唯一"我们的宇宙所能提供的科幻小说"。

女诗人暗示，帕斯卡尔[1]的（1623—1662，并非我的）

绝望，超过了

安德鲁美达和卡西奥帕亚[2]。

我们孤独的存在加剧了对责任的感知，

唤醒了不可避免的问题：我们如何生活？诸如此类。

由于"我们无法逃离空虚"。

"'我的上帝，'有人向他呼喊，

'怜悯我，恳求您，指引我的道路……'"

女诗人悲痛人们可以如此轻率地浪费生命，

仿佛我们的供给没有止尽。

她忧虑于战争，固执地认为，

在战争中，双方都失败了，

人的"权力－折磨"（原文如此）[3]总是借由他人完成。

---

1 布莱斯·帕斯卡尔（Blaise Pascal），十七世纪法国哲学家。曾有名言："人只不过是一根苇草，是自然界最脆弱的东西；但他是一根能思想的苇草。"

2 安德鲁美达（Andromeda），希腊神话中的埃塞俄比亚公主，国王克甫斯的女儿。卡西奥帕亚（Cassiopeia），埃塞俄比亚国王克甫斯的王后，安德鲁美达之母，她自夸说，她和女儿的美貌超过了老海神涅柔斯的女儿们，这触怒了海神波塞冬，后者决定用洪水淹没并摧毁埃塞俄比亚。国王得到一个神谕，其女儿必须献身于海神才能拯救王国。于是，安德洛美墨达被锁囚于大石旁。后经珀尔修斯救出并娶其为妻。波塞冬认定卡西奥帕亚也不能免于惩罚，将她囚禁于天上，绑定于座椅上。后来，卡西奥帕亚成为仙后星座。

3 "权力－折磨"（Authoritorture），生造词，由权力（Authority）和折磨（Torture）两个词合成。

她的道德倾向在诗中发着幽光。

在一支少些天真的笔下，它们也许将更加明亮。

但不是在这支笔下，哎。她缺少说服力的基本观点

（最终，我们将十分孤独，

在太阳下，在所有闪耀过的太阳下）

以及感伤的风格（高雅修辞与

普通口语的混合物）

迫使一个问题出现：谁会相信这首诗？

答案是：没有人。论证完毕。

一

雅斯沃[1]附近的饥饿营

写下。写下。以平常的墨水，

在平常的纸上：不给他们食物，

所有人死于饥饿。所有人。有多少？

这一大片草地，每个人

能吃到几根草？写下：我并不知道。

历史将骨骼变成了零。

一千零一依然是一千。

"一"似乎从未存在：

一个虚构的胎儿，一支空无的蜡烛，

一本不为任何人打开的识字课本，

大笑、哭泣、生长的空气，

为虚空而伸展到花园的阶梯，

在这些事物之中缺少人的位置。

它就在此处变成肉体，在这片草地上，

而草地沉默，如一名被收买的证人。

阳光下。绿色。森林触手可及。

咀嚼木头，饮用树皮下的汁液，

---

1 雅斯沃(Jaslo)，波兰东南部城市，二战中被毁，战后重建。

日日夜夜，你的视线被这景象占据，

直到失明。天上，一只鸟

挥动着矫健的翅膀，影子

掠过他们的嘴唇。颌骨垂下，

牙齿咯咯作响。

夜晚，一把镰刀在空中闪耀，

为梦中的面包，收割黑暗。

手从变黑的圣像飞伸过来，

每一只都举着空的圣餐杯。

一个男人摇晃于

装着倒钩的铁丝架上。

有人唱歌，嘴里含着泥土。这首关于战争的

美妙的歌，瞬间击中了你们的心灵。

写下：此刻多么寂静。

是的。

一

无 辜

构想用人的头发做毯子 [1]。

格尔达。艾丽卡。也许还有玛格丽特。

她不知道，不，她一无所知。

这类消息既不适合

外传，也不适合吸纳。

希腊复仇女神过于正义。

这种古怪的夸张将会以错误的方式触怒我们。

伊尔玛。布丽吉塔。也许还有弗莉德丽卡。

她二十二岁，也许更大一点。

她掌握了三门所有旅行者需要的语言。

她就职的公司要出口

最精美的毯子，只以人造纤维制成。

贸易使各国亲近。

贝尔塔。乌尔丽卡。也许还有希尔德加塔。

也许并不美，但修长、苗条。

---

1 在纳粹德国时期，纳粹分子曾用集中营中关押者的头发做
毯子。

脸颊、脖子、乳房、大腿、腹部

丰满，鲜亮。

赤着脚，欢快地走在欧洲的海滩上，

披散着亮丽的头发，长及膝盖。

我建议：别剪掉（美发师对她说），

一旦剪掉，就再也不会长得如此又密又长。

相信我。

这已被证明了

成千上万次[1]。

---

1 成千上万次（Tausend-und tausendmal），原文为德语。

——

与孩子交谈

大师不久前才来到我们中间。
这就是为什么他躲在角落里，
双手蒙住眼睛，透过指缝偷看，
面对墙壁，然后突然转身。

大师厌弃荒谬的想法：
一张视野之外的桌子永远是一张桌子，
一把我们背后的椅子陷入椅子的束缚中，
甚至不再试图脱离牢笼。

的确，很难抓住世界的差异。
眨眼之前，苹果树回到了窗下。
鲜亮的麻雀总是准时变得暗淡。
小水罐的大耳朵收集每一种声音。
夜间的柜子如它的白昼孪生子般举止迟钝。
抽屉尽最大努力让大师相信，
它只贮藏被给予之物。
无论你多么迅疾地打开格林兄弟的童话，
公主总能如期出现在座位上。

"他们觉得我是陌生人，"大师感叹，

"不想让新来的小孩参加他们的游戏。"

难道世上的任何事物

只能以一种方式存在，

一种可怕的处境，毫无出路，

没有停顿，没有变化？只能顺从命运？

一只捕蝇器中的苍蝇？一只陷入捕鼠器中的老鼠？

一条从来无法脱身于秘密锁链的狗？

一束火焰，除了再次烧伤大师信任的

手指，别无他用？

在这个最终的现实世界：

零落的财富不能被聚集，

一无用处的奢华，被禁止的机遇？

"不，"大师喊道，跺着

他所能召集的脚——如此绝望，

甲虫的六条腿也嫌太少。

一

自 断

纪念哈琳娜·波斯维亚托夫斯卡[1]

在危险中，海参将自己断为两截。
它舍弃一半自我，留给饥饿的世界，
带着另一半逃逸。

它暴烈地将自己分成死亡与拯救，
惩罚与奖赏，曾经与未来。

一个深渊出现于它身体的中部，
在两条日益陌生的边缘之间。

生命在这一边，死亡在另一边。
这里是希望，那里是绝望。

如果有一架天平，秤盘将保持平衡，
如果有公正，这就是公正。

只死去必要的部分，绝不越界。
再次长出，听从剩余身体的需要。

---

1 哈琳娜·波斯维亚托夫斯卡（Halina Poswiatowska），波兰
女诗人。

的确，我们也可以切断自己。
然而，是分成肉体和一句碎语，
分成肉体和诗歌。

一边是喉咙，另一边是笑声，
轻柔，稍纵即逝。

这里是沉重的心，那里是不完全死去 [1]——
三个小小的词，如一次飞行的三支羽毛。

深渊并没有切断我们，
只是包围着我们。

---

1 不完全死去（Non omnis moriar），原文为拉丁文，贺
拉斯的诗句，由三个词组成。

一

赞美诗

哦，人类创造的国度，它们的边境有那么多漏洞！
多少云飘过，而没有受到惩罚；
多少沙漠的沙砾从一个国度迁移到另一个国度；
多少山上的卵石跌入邻国的土地，
以气人的弹跳。

难道我需要提及每一只鸟，它们面向国界飞行，
或者，栖落于边界上的路障？
一只谦逊的知更鸟——尾巴伸到了国外，
喙却留在国内。倘若这还不够，它将不停地上下跳动。

在无数的昆虫中，我只选择蚂蚁，
在边防哨兵的左靴和右靴之间，
无忧无虑，全然不顾这些问题："从哪里来？""到哪里去？"

哦，在一瞥中，能获得详情：无序
盛行于每一块大陆！
难道那不是对岸的女贞树
越过河流走私的第十万片树叶？

除了章鱼，还会有谁，以无耻的长臂，
侵犯别国领海的神圣边界？

我们如何才能在总体上谈论秩序，
倘若，星辰的精确分布
只给我们留下疑惑，它们为谁而闪烁？

更别提，雾气应受谴责的漂移！
被刮得弥漫于台阶的尘土，
就像从未被隔离！
声音在亲切的电波中滑行，
那些阴谋的锐音，那些难以破译的低语。

只有人类之间才会真正地格格不入，
余下的是混杂的植物、破坏性的鼹鼠以及风。

一

谈论死亡，不带夸张

它从不玩笑，
从不寻找星辰，建造桥梁。
它一无所知：纺织、开矿、耕作、
造船，或烤蛋糕。

在我们明日的计划中，
它插入最后一句话，
却从不涉及正题。

它从事不了任何事务，
即使属于以下职业：
挖坟，
制作棺材，
清理现场。

它专注于杀戮，
却干得那么笨拙，
缺乏条理和技术，
有如我们是第一批被杀者。

哦，它一再取胜，

但是，看一看它无数的失败吧，

错失的目标，

以及重复的攻击！

有时，它不够强大，

拍不下一只空中的苍蝇。

那么多毛虫，

将它甩在身后。

这一切鳞茎、豆荚、

触须、鱼鳍、气管、

交配期羽毛、冬季绒毛，

显示着它的落伍，

由于心不在焉的工作。

邪恶无济于事，

迄今为止，我们以战争与政变给予的

协助也还不够。

心在蛋卵内跳动。

婴孩的骨骼正在生长。

种子，勤奋地伸展出首对胚叶，

有时，甚至长成远处高大的树木。

如果有人宣称死亡是万能的，
那么，他自己的存在就证明了
死亡并非无所不能。

没有任何生命
可以不朽，
即使是一瞬。

死亡
总是迟了一瞬。

对于无形的门，
转动门把是多么徒劳。
当你到来，
一切无从改变。

世纪的没落

我们的二十世纪本应超越其他世纪，
如今，却并未改善，
剩下的年月屈指可数，
它步履摇晃，
呼吸短促。

发生了那么多
不堪设想的事，
我们所设想的
却没有发生。

我们设想，幸福与春天
变得比其他事物更为亲密。

我们设想，恐惧远离了山峦与河谷。
真理先于谎言，
抵达终点。

我们以为，一连串问题
将不再发生：
比如，饥饿，
战争，等等。

我们以为，无助的人们
会得到尊重，
信任，诸如此类。

任何想爱上世界的人
此时，却面对着
无望的使命。

愚蠢不再有趣，
智慧不再欢乐，
希望也不再是年轻的姑娘，
如此等等，哎。

上帝本应信任
善良而坚强的人，
然而，善良和坚强
依然是两类人。

"如何生活？"有人来信问我。
但我也想问他
一样的问题。

上述的问题，
一如从前，永无变化，
最迫切的问题
都那么天真。

一

时代之子

我们都是时代之子，
这是一个政治的时代，

所有白昼的、夜晚的，
一切——你们、我们、他们的——
无一不是政治事务。

无论你喜爱或厌恶，
你的基因中含有一个政治的过去，
皮肤，有政治的色泽，
眼睛，有政治的偏见。

你的话语中有政治的回声，
你的沉默，也在替它辩护。
那么，无论何种方式，你都在谈论政治。

甚至，漫步林中，
你也在政治的地面
迈着政治的步子。

非政治的诗也是政治的，

照射我们的月亮

不是纯粹的月亮。

生存还是死亡，这是个问题。

它扰乱了我们的领悟，

这一直是个政治问题。

你不必成为人类

才获得政治的意义。

是原料也可以，

或是蛋白饲料、原油，

或是一张会议桌，它的形状

需要争论数周：

我们是在圆桌还是方桌上

仲裁生死？

这时，人们正在毁灭，

动物死去，

房屋被焚，

田地荒芜，

一如在远古，

在不太政治的时代。

一

酷 刑

一切未曾改变。
身体存储着疼痛；
它必须进食，呼吸空气，睡眠；
皮肤很薄，血液在下面流动；
它拥有数目齐全的牙齿、指甲；
骨骼易于折断；关节可以伸展。
在酷刑中，这一切都会受到关注。

一切未曾改变。
身体一如既往地颤抖，
在罗马建立之前，以及之后，
在基督诞生之前和之后的二十世纪。
酷刑依然如故，只有地球已缩小，
一切听上去有如发生在隔壁。

一切未曾改变。
除了人口在增加，
在旧罪恶边上，新罪恶在涌现——
真实的，假想的，短命的，虚幻的。

但身体回应它们的都是无辜者的呼喊
无论过去、现在、将来，
保持着年代久远的尺度和音量。

一切未曾改变。
除了风俗、仪式、舞蹈。
保护头部的手势
毫无变化。
身体扭动、抽搐、挣扎，
被推倒在地，膝盖弯曲，
它擦伤、肿胀、口吐白沫、流血。

一切未曾改变。
除了河水的流淌，
森林、海滩、沙漠和冰川的形状。
瘦小的灵魂游荡在这些景色之中，
消失，回返，趋近，远离，
逃避自己，成为自己的陌生人，
对自己的存在，时而确信，时而怀疑，
肉体存在着、存在着、存在着，
却无处安身。

—

结束与开始

每一场战争之后，
有人必须清理战场。
毕竟，事物
并不会自行收拾。

有人必须将瓦砾
铲到路边，
以便装满尸体的货车
通过。

有人必须跋涉穿越
泥泞和灰烬，
沙发的弹簧，
玻璃碎片，
血污的破布。

有人必须拖动柱子，
撑住墙壁，
有人必须为窗子安上玻璃，
将门装入门框。

没有原声短讯，没有拍照机会，
这需要许多岁月。
所有的相机都
到别的战场了。

桥梁需要重建。
火车站也一样。
衬衣袖子卷成了
碎片。

有人手持扫帚，
还记得事情的样子。
还有人在倾听，点点
未被击穿的脑袋。

而另一些人必定匆匆经过，
感觉一切
有点令人厌倦。

偶尔，有人仍必须
在灌木丛下
挖出生锈的争辩，
扔进垃圾堆。

那些了解

这场战争的人

不得不让位给

那些所知甚少的人，

以及所知更少的人，

甚至一无所知的人。

有人必须躺在

草中，隐藏

原因和结果，

嘴里含着茎秆，

凝望着云。

一

现实在要求

现实在要求，

而我们也曾提及：

生活在延续。

它延续，在坎尼和鲍罗丁诺，

在科索沃勃列和格尔尼卡[1]。

一个加油站，

在耶利哥[2]的小广场上，

在比拉霍拉[3]，

公园座椅上的油漆湿润。

信件来回穿梭，

在珍珠港和黑斯廷斯[4]之间。

一辆货车驶过，

---

1 坎尼（Cannae），地名，位于意大利南部。公元前216年，汉尼拔在此处击败罗马军队。鲍罗丁诺（Borodino），地名，位于俄罗斯。1812年，俄国军队在此处击败拿破仑军队。科索沃勃列（Kosovo Polje），科索沃地区的一个小城。格尔尼卡（Guernica），西班牙北部一个村庄。1937年4月，纳粹德国轰炸了该地区。毕加索名画《格尔尼卡》即与这场轰炸相关。
2 耶利哥（Jericho），巴勒斯坦城市，位于约旦河西岸。
3 比拉霍拉（Bila Hora），捷克地名，位于布拉格附近，意为"白山"。白山战役发生地。
4 黑斯廷斯（Hastings），英格兰南部沿海城镇。

在喀罗尼亚[1]石狮的目光中。

凡尔登[2]附近繁花盛开的果园

难以逃脱

正逼近的风暴前锋。

一切显得太多，

而虚无又被精妙地隐藏。

亚克兴[3]的游艇上

传来音乐，

阳光下，男女们在甲板上起舞。

这么多事情一直在延续，

必须在四处延续。

那里，并不是只有石头站立，

你会看见一个卖冰激凌的人，

被孩子们围住。

那里，广岛

又一次成为了广岛，

生产着那么多商品，

用以日常消费。

---

1 喀罗尼亚（Chaeronea），希腊地名。以喀罗尼亚石狮闻名，
1818 年，英国旅行者发现了石狮。
2 凡尔登（Verdun），法国东北部的要塞。1916 年，在凡
尔登战役中，德军被法军击败。
3 亚克兴（Actium），希腊一个海角。公元前 31 年，在亚
克兴海战，屋大维战胜安东尼成为罗马统治者。

这可怕的世界并不缺少魅力，

不缺少

值得为之醒来的黎明。

在马捷约维茨[1]的田野上，

草那么绿，

粘着露水，

一如日常的草。

也许，所有的田野都是战场，

这些我们还记着，

而另一些我们早已忘却：

桦树林和雪松林，

雪与沙，闪光的沼泽，

峡谷中遍及阴郁的失败，

此刻，当需求袭来，

你并不蜷缩于灌木之下，而是蹲伏于其后。

道德的事物从中流出？也许一无所有。

只有血在流，并迅速干涸，

一些河，一些云，一如往常。

---

1 马捷约维茨（Maciejowice），波兰地名。1794 年，波
兰军队在此击败俄军。

在悲剧的山口，

风从毫无防备的脑袋卷走帽子，

我们情不自禁地

嘲笑这一情景。

一

有些人

有些人逃离另一些人。

在一些国度，在日光下，

在一些云的下面。

他们几乎抛弃了拥有的一切，

一些田地，一些鸡和狗，

镜子——如今火在其中打扮自己。

他们的肩上扛着水罐和成捆的行李。

他们越是一无所有，就越变得沉重。

有些事发生时那么寂静：有些人筋疲力竭地倒下。

有些事发生时那么喧嚣：有些人的面包被撕走，

有些人摇晃瘸腿的孩子，努力让他回归生活。

总有另一条错误的道路在他们面前，

总有另一座错误的桥

横跨在红得奇异的河上。

一些枪声萦绕着他们，逐渐靠近，又逐渐远去，
一架飞机在他们头顶绕圈，似乎不肯离开。

某种隐身术迟早可以发生作用，
某种灰色的冷漠，
或者，更有用的是，消失
一小会儿，也许更久。

另一些事情将会发生，只是不知道在何处，是什么事情。
另一些人将会冲向他们，只是不知道是什么时候，是谁，
有多少种形式，带着什么意图。
假如他可以选择，
也许，他并不会成为敌人，
而允许他们过上某种生活。

一

词　汇

　　"波兰？波兰？[1]那里冷得要命，是吧？"她问，欣慰地叹了口气。最近，一直在诞生那么多国家，最保险的话题就是气候。

　　"夫人，"我试图回答，"我们国家的诗人，都戴着手套写诗。我不是在暗示，他们从来不摘下手套；其实，一旦月光足够温暖，他们就会摘下手套。这些诗行，由粗砺的雷声构成，唯有这样，才能熄灭暴风雨的持续轰鸣，它们在赞美海象饲养员的朴素生活。我们的古典诗人，用墨水的冰柱，将颂诗雕刻于被践踏的积雪。其余的，我们的颓废派，以雪花代替眼泪，痛哭自己的命运。如果谁想淹死自己，就必须手握一把斧头，凿开冰层。哦，夫人，我亲爱的夫人。"

　　这些是我想说的。但是，我忘记了法语中的"海象"这个词。我也不确定"冰柱"和"斧子"这样的词。

　　"波兰？波兰？那里冷得要命，是吧？"

　　"一点也不。[2]"我冷冰冰地回答。

---

1 "波兰？波兰？"（la Pologne？ la Pologne？），原文为法语。下同。
2 "一点也不"（Pas du Tout），原文为法语。

辑 七

最远处的灯已点亮

三个最奇怪的词

当我说出"未来"这个词，
第一个音节就已属过去。

当我说出"寂静"这个词，
我已破坏了它。

当我说出"虚无"这个词，
我已创造了虚无自身所不能把握的事物。

一

小喜剧

如果天使是存在的，
我怀疑他们是否会读
我们的小说，
它们写的是受挫的希望。

我担心，哎，
他们从不触碰诗歌，
它们充满对世界的愤怒。

我们戏剧中的
痛骂与抱怨，
必定会使他们——我猜测——
坐立不安。

在天使的——比如，
不属于人类的——职守之余，
他们不会观看
默片时代的
喜剧片。

相对于我们挽歌式的恸哭，
服饰的装扮，
咬牙切齿，
我想，他们选择欣赏
可怜的魔鬼
抓着溺水者的假发，
或，饥肠辘辘，开心地吞咽着
鞋带。

腰部以上，是热情与希望，
腰部以下，一只受惊的老鼠
沿着裤子向下奔跑。
我确信，
这就是他们所谓的真正的娱乐。

圆圈中疯狂的追逐
最终成了追逐者在被追逐。
隧道尽头的光
原来是老虎的眼睛。
一百次灾难，
意味着在一百个深渊之上
翻一百个滑稽的跟头。

如果天使是存在的，

我希望，他们必须

相信

这种从恐惧中飞跃而来的欢愉，

甚至从不呼救，

因为，一切发生于静默之中。

我甚至可以想象，

他们拍打翅膀，

泪水从眼中渗出，

泪水来自笑声，倘若别无他物。

也许这一切

也许这一切
正发生于某间实验室?
白天在一盏灯下,
夜晚在无数盏灯下?

也许我们是被实验的一代?
从一个药瓶被倒入另一个药瓶。
在测试管中被摇晃,
不只被肉眼观察,
最终,我们每一个
被镊子单独取出?

或者,可能更像以下情形:
没有任何干涉?
根据计划,
变化自行发生?
曲线指针缓慢地蚀刻出
预知的锯齿线条?

也许迄今为止，我们一无是处？

监视器总是未被置入？

只有为了战争，即便是更大的战争，

为了古怪的攀升，飞越我们的大地，

为了更多从 A 到 B 的迁徙？

也许正相反，

他们已尝过琐事的滋味？

看吧！大屏幕上，一个小女孩

正给袖子缝纽扣。

雷达尖叫，

工作人员跑步前来。

多么可爱的小生命，

一颗小小的心在她体内跳动！

多么甜蜜，针线

严肃的游弋！

有人狂喜地呼喊：

告诉长官，

告诉他必须亲自来看看这一切！

一

戏法表演

偶然事件在展示它的戏法，
以手的技艺，它变出一杯白兰地，
亨利坐在酒杯旁。
我走入一家小酒馆，突然停在半路。
亨利——不是别人，
就是艾格尼丝的丈夫的弟弟，
而艾格尼丝是
苏菲阿姨的表兄的亲戚。
这么说，
我们拥有同一个祖先。

在偶然事件的手中，
空间蜷曲，又舒展，
延伸，又缩小。
桌布
变成了手帕。
猜猜，那么多年以后，
在加拿大，在各处，
我遇到了谁。

我以为他死了，

他却在那里，在一辆奔驰车中，

在飞往雅典的班机上，

在东京的体育场里。

偶然事件的手里转动着一个万花筒，

无数彩色玻璃在里面闪烁。

突然，杰克的玻璃

碰到了杰尔的。

想象下，就在这同一间旅馆。

我转身，看见——

真的是她！

面对面，在电梯里，

在玩具店，

在枫树街与松树街的拐角。

偶然事件裹在斗篷中。

那里，东西失踪了，又被找到。

我被它出其不意地绊倒！

我俯身，捡起它。

我看了一眼，熟悉之物，

遭窃餐具中的一只汤匙。

如果不是由于那只手镯，

我也许一直认不出亚历山德拉。

钟？它出现于波特维尔[1]。

偶然事件深深地看入我们的眼睛。

我们的脑袋变得沉重，

眼皮垂下。

我们想笑、想哭，

如此不可思议。

从四年级的集合教室到航海班轮，

它必定意味着什么。

我们要大喊：

世界多么小！

你甚至能抱住它！

在瞬间，我们充满了愉悦，

光辉的、骗人的愉悦。

1 波特维尔（Potterville），美国密歇根州城市。

悲哀的计算

有多少我认识的人
（如果我真的认识他们）
男人，女人，
（如果依然保持着差异）
已跨过门槛
（如果它是个门槛），
穿越了桥梁
（如果你可以叫它桥梁）——

多少人，在一次短促或漫长的生命之后
（如果他们仍能看出差异），
美好的生命，由于它刚开始，
悲哀的生命，由于它已结束，
（如果他们不愿意反过来说）
发现自己置身于遥远的岸边
（如果他们真的发现了自己的处境，
如果岸真的存在）——

我无法确定

他们未来的命运

（即使只是一个平凡的命运，

依然是命运）

一切

（如果这个词不加太多限定）

此时已在他们身后了

（如果不是他们前面）——

他们中有多少人跳出飞逝的时间，

消失在远方，这更令人忧伤

（如果你相信前景）

多少人

（如果这个问题有意义，

如果有人得出一个最后的数目，

而无须把自己算入）

已沉入最深的睡眠

（如果不再有更深的梦）——

再见。

明天见。

下次见。

他们不再想

（如果他们不再想了）多说什么。

他们陷入了无休止的

（如果不再有别的）沉默。

他们只专注于

（如果只是这样）

他们的缺席所要求的一切。

现实世界

现实世界不会逃走，
这不同于梦。
任何低沉的声音，任何门铃，
都不能将它驱散。
任何尖叫，任何撞击，
都不能将它打断。

梦中的影像
含混，充满歧义，
总是可以作出
多种不同的阐释。
现实只意味着现实：
这是一个棘手的问题。

梦有自己的钥匙。
现实世界却自行开启，
而且无从关闭。
成绩单和星辰
从中涌出，

蝴蝶和熨斗，

纷纷落下，

闲置的帽子

和云的碎片。

这一切来自一个谜，

永远不能解开的谜。

没有我们，梦无法存在。

现实世界所依赖的

却可以是未知的任何一人，

他失眠症的产物，

每个醒着的人都可以得到。

梦并不疯狂——

只有现实世界才疯癫，

即使仅仅出于顽固，

它借此依附于

事件的进程。

在梦中，新近故去的死者，

依然活着，

依然那么健康，

重获了年轻人的活力。

现实世界却将尸体摆在
我们面前。
现实世界如此残忍。

梦轻如羽毛，
记忆轻易将它们抖落。
现实世界却不必害怕被遗忘。
它是一个难以对付的家伙。
它坐在我们肩上，
使我们的心变得沉重，
扰乱我们的脚步。

我们无从逃离，
每一次行动，它都如影随形。
现实并不希望我们逃走，
在我们逃离的旅途中，
也没有任何车站。

一

无需标题

事实已到来：在阳光照耀的清晨，

我坐在

河边的树下。

这件事无关紧要，

不会进入历史。

这不是战役和条约，

缺少值得辨析的动机，

和声誉显著的诛杀暴君的人。

我坐在河边，这是事实。

我在这里，

必定来自于某处，

在那之前，

我必定已现身于别处，

如一些国家的征服者，

起航前，必定去过许多国家。

甚至一个短暂的瞬间也拥有丰腴的过去，

它的星期五在星期六之前，

它的五月在六月之前。

它的地平线如此真实，

不亚于元帅在望眼镜里所观测到的。

这棵树是一个原点，这么多年扎根于此。

这是拉巴河 [1]；

它并非昨天才突然涌出。

这条通过荆丛的小路

并非上周才清理出来。

风将云吹到这里，

在此之前，它必须将云吹走。

虽然附近没什么大事发生，

世界却不会在细节上变得更加贫乏。

世界如此坚实、确切，

像被徙居人群所俘获的样子。

阴谋不是唯一被寂静掩盖的事物，

理性的侍从并不仅仅追随加冕礼。

革命的周年庆典也许在各处巡回，

就像环绕着海湾的圆卵石。

———————————

1 拉巴河（Raba），位于奥地利。

事件的帷幕织得如此复杂、密实。

蚂蚁被绣在草里。

草被织入泥土。

浪花以嫩枝缝制。

一切就这么发生，我就是我，我观看。

我的头顶，一只白色蝴蝶在空中振翅而过，

翅膀是它的孤独，

影子掠过我的手掌，

这不是别的，就它自己，不属于其他，只是它自己的影子。

当我看见这些，不再确信

重要的事物

比不重要的更为重要。

一

考古学

那么，可怜的人，
你似乎已在我的领域作出一些进步。
数千年逝去，
自从你首次将称我为考古学。

我再也不需要
你石雕的诸神，
以及碑文清晰的废墟。

只要出示你的任何一件东西，
我就能说出你是谁。
一些东西的底部，
一些东西的顶部。
发动机的残片。显像管的管颈。
一截电缆。化为尘土的手指。
或者，比这些更少，更少。

以你不可能
知道的方法，

在不可计数的元素之中，

搅动记忆。

血迹永存。

谎言将曝光。

密码被破解。

怀疑与欲望暴露于光线中。

如果我想要

（可你无法确定

我是否想要），

我将向下凝视你沉默的喉咙，

我将读出你眼睛

深处的风景，

我将以无数细节，提醒

你一生的期待，除了死亡。

为我展示

你置于身后的虚无，

我将从中建造一片森林和一条高速公路，

一座机场，卑鄙，温顺，

一个失踪的家。

为我展示你的小诗，

我将告诉你为何它在那时问世，

而不会更早，或更迟。

哦，不，你误解了我。

请将这涂鸦的

可笑纸片留给自己。

我的终点只需要

你的一撮泥土

和早已散去的

焦糊气味。

—

错误的号码

午夜，在一个空洞、寂静的画廊，
一台笨拙的电话涌出铃声的水流；
熟睡的人本应立刻跳起，
这里却只住着失眠的预言家和不知疲倦的
国王，月光使他们变得苍白；
他们屏住呼吸，眼睛注视着某一钉子或
裂缝；只有年轻高利贷者的妻子
被这只古怪、鸣响的装置攫住了，
但即使是她也不想搁下扇子，
她一动不动，悬而不决。
除此之外，那些身穿红色长袍或赤裸的人，
将这幕夜间的骚乱视为单纯的无礼举动。
即使某个大公从画框中向外俯身，
以粗俗的咒骂宣泄他的挫败，
也不会比这里更富于黑色幽默。
难道是某个笨蛋从市区打来电话,
拨错了号码，却不愿放弃，
拒绝将听筒放下？一个人活着，就会做错事。

一

过 剩

一颗新星被发现了，
这并不意味着，我们拥有的事物会变得亮一些，
或者，我们错过的事物再次出现。

这颗星巨大而遥远，
太远了，看上去很小，
小于那些实际上比它
小得多的星。
小小的惊异，如果尚能被惊异击中；
假如有足够时间，我们就会如此。

这颗星的年龄、质量、位置，
这一切，也许，
足够写一篇博士论文。
一份葡萄酒与奶酪，招待
亲近天空的人们：
天文学家，他的妻子、友人和亲属，
随意，融洽，来到这里，如你，
大多谈着尘世话题，
萦绕着惬意的尘世语调。

一颗伟大的星，

但没有理由

阻止我们与女士喝酒，

我们之间的亲密不可测量。

这颗星并未引起什么结果，

不影响天气、时尚、比赛结果、

政府改组、价值危机，税后工资。

未对宣传或重工业产生作用，

不能折射在会议桌上的光泽中，

也不能为屈指可数的生命增添光辉。

这样的提问又有何益：

人在多少颗星星下出生，

同一瞬间，又在多少颗星星下死去。

一颗新星。

"至少，为我指出它在哪里。"

"在灰云的锯齿边和

左边那株金合欢的嫩枝之间。"

"看到了。"我说。

一

怯 场

诗人与作家。

人们如是说。

诗人不是作家,那么他们到底是谁——

诗人即诗歌,作家即散文 [1]——

散文吸纳一切,包括诗歌,

而在诗歌中,只有一间为诗歌准备的房间——

诗歌的海报上,

华丽而忧郁的字母 P [2]

被长有翅膀的七弦琴琴弦环绕,

我不该轻率地步入,而应飞入——

赤脚岂不更好,

逃离廉价运动鞋的

滞重声和吱吱声,

一个笨拙的假天使——

---

1 这里的散文(Prose)与汉语中通行的意思有些差异,它是一个与韵文(Verse)相对应的概念,即无韵的文字。
2 波兰语的诗歌(Poemat)一词以字母 P 开头。

如果，至少，这条裙子更长、更飘逸，

诗句并非来自手提包，而是手的魅力，

穿着节日的盛装，从头到脚，

携带着铃铛，从叮到咚，

ab ab ba——

台上伏着一张小桌，

令人想到招魂，镀金的桌腿，

小桌上，一只小烛台冒着烟——

这意味着

我已准备好在烛光下读诗，

在普通灯泡的光线下

呼应着打字机的嗒嗒声写出的诗。

不再担心

它是否是诗，

如果是诗，又属于什么类型——

在这种诗歌中，散文显得不合时宜，

或者，在散文中，这种诗歌显得适得其所——

有何不同?

此刻，只有在半明半暗中，

面对绛红色幕布的

紫色流苏，才能看清差异。

一

仓促的生活

仓促的生活。

缺少排练的演出。

无从改变的身体。

丧失预谋的头脑。

对自己所扮演的角色，我一无所知。

只知道这是我的角色，不能更改。

我只能在舞台上猜测，

这出戏在说什么。

缺少体面生活的准备，

我难以跟上剧情要求的速度。

只能即兴发挥，尽管我对此深恶痛绝。

由于无知，我绊倒于每一步。

我不能清除乡下人的行为方式。

我的天性是为拙劣演员而准备的。

怯场虽是借口，却更令我耻辱。

情有可原的境遇残忍地打击着我。

言辞与动作，无法收回。

星辰，无法清数，

你的角色，像在奔跑中扣上的雨衣——

这一切不可预测的事物所造成的结局令人怜悯。

倘若，在星期三，我可以预先排练一次，

或者，只在已逝的星期四，重排一次！

然而，星期五，又来了一个我从未见过的剧本。

这公平吗，我问道

（声音有点嘶哑，

我甚至不能在后台清一清喉咙）。

你错了，如果你认为，这是一场草率的测试，

在临时的场地举行。哦，不是。

我站在布景之中，它如此坚固。

所有道具布置得如此精确。

舞台旋转装置早已启动。

最远处的灯已点亮。

不，毫无疑问，这一定是首演。

我的每一个动作

将永远不可更改。

一

在一颗小星星下

我为把偶然称为必然而向它道歉。

万一我错了，我就向必然道歉。

请别生气，幸福，如果我将你占为己有。

死者，但愿你容忍这一切，我的记忆正在枯萎。

每一秒钟我都忽视了整个世界，于是，我向时间道歉。

我为将新欢当成初恋向旧爱道歉。

原谅我，远方的战争，原谅我将鲜花带回家。

原谅我，外露的伤口，原谅我刺破了自己的手指。

我为小步舞曲唱片而向在深渊里呼喊的人道歉。

今天，清晨五点我仍在熟睡，为此我向等候在火车站的人道歉。

宽恕我，被追逐的希望，宽恕我一再地大笑。

宽恕我，沙漠，宽恕我未能及时带来一匙清水。

还有你，猎鹰，这些年你依然如故，在同一个笼子，

在空中，你的目光凝固在一处，

原谅我，即使你已变成标本。

我为桌子的四条腿而向被砍倒的树木道歉。

我为小回答而向大问题道歉。

真理，请不要太在意我。

尊严，请对我大度些。

容忍我，哦，神秘的存在，容忍我拆掉了你裙摆上偶然的针线。

灵魂，请别指责我偶尔才拥有你。

我向万物道歉，我不能同时到达每一个地方。

我向所有人道歉，我无法成为每一个男人和女人。

我知道，只要我活着，就不能变得公正，

因为，我是我自己的障碍。

言语，不要怪罪我借用了庄严的词句，

又竭尽全力让它们变得轻盈。

诗人与世界

据说，演讲的第一句话总是最困难的。不过，这个问题我已解决。然而我感到，即将到来的句子——第三句、第六句、第十句，直至最后一句——同样困难，因为大家期待我谈论的是诗歌。对于这个话题，我谈论得很少——事实上，几乎从未谈过。每当稍有提及，我总是暗自怀疑，对于这一点自己并不擅长。因此，我的演讲会十分简短。小分量的缺憾总是更易于被容忍。

当代诗人都是怀疑论者，甚至，或者该说尤其是，怀疑自己。他们很不情愿公开声称自己是诗人，甚至似乎有些羞愧。在我们这个喧嚣的时代，比起认清自己的优点，承认自己的缺点显得更为容易，因为缺点总被装扮得十分华丽，优点却隐藏得更深，而你自己从未深信它们就存在于你内部。当诗人填写问卷或与陌生人聊天——即，当不得不揭示自己的职业时——他们喜欢以笼统的名称"作家"称呼自己，或以写作之外的任何工作代替"诗人"。公务员或公共汽车乘客一旦发现在与诗人打交道，就会变得难以置信，惊慌失措。我猜，哲学家会遇到类似的反应。但他们的境遇要好些，因为他们往往会以某种学术头衔装点自己的职业。哲学教授——这样听起来更体面。

然而没有诗歌教授。毕竟，那意味着，诗歌将成为一种职业，需要专业化的学习、定期考试、附有参考文献和脚注的理论文章，最终在典礼上颁发的毕业证书。另外，这也意味着，在稿纸上写满诗歌，即使是最精致的诗歌，也不足以成为诗人。关键因素是某张盖有官方印鉴的文件。我们不妨回想一下：俄罗斯诗坛的骄傲、诺贝尔奖得主约瑟夫·布罗茨基[1]正是以此为基础被判处境内流放。他们称他为"寄生虫"，因为他缺少授予其诗人权利的官方证书。

数年前，我有幸见到了他，这让我很高兴。我注意到，在所有我认识的诗人当中，唯有他乐于以诗人自居。他说出这个词时，非但毫无抑制，反而带着挑衅性的自由。我想，那是因为他回忆起了青年时代经历的粗暴的羞辱。

在更为幸运的国家，人性尊严未轻易受到侵犯，诗人当然渴望出版诗集，被阅读，被理解，但他们不会为超越于普通民众和日常事务之上而有所行动。在并不久远的本世纪前几十年，诗人还竭力以奇装异服和乖张举止震撼我们。然而，这一切只不过是为了向公众炫耀。但那个时刻总会到来，当诗人们关上门，脱下披风、廉价而艳俗的衣饰以及其他诗歌道具，就需要在寂静之中面对依然空白的稿纸，耐心地守候他们的自我。因为，最终，这才是真正有价值的。

伟大科学家和艺术家的传记影片层出不穷，这并非偶然。越来越多富于野心的导演在探索如何去忠实地再现重要科学发现或杰作诞生的创造性过程。而且有人的确较为成功地刻画出了某

---

1 约瑟夫·布罗茨基（Joseph Brodsky），当代诗人。1987年诺贝尔文学奖得主。1964年，以"社会寄生虫"为罪名，被判处五年劳改。1972年，被苏联驱逐出境。1977年，入美国籍。著有诗集《言辞片段》《致乌拉尼亚》等，评论集《少于一》《理智与悲伤》等。

些类型的科学劳作。实验室、各式各样的器械、精密的机器重现于眼前：这样的场景能在短时间内吸引住观众的注意力。这些充满变数的时刻——进行了上千次的实验，每一次都作了微小的改进，最终能否达到预期的成果？——是富于戏剧性的。关于画家的影片可以拍得引人入胜，它再现一幅名画成形的每一个阶段，从最初的铅笔线条到最后一笔油彩。音乐则可以弥漫于关于作曲家的影片中：从响起于音乐家耳内的旋律的最初几个音节，到最终融汇成一首成熟的交响乐作品。当然，这些都显得十分幼稚，并未诠释灵魂中一般被称为灵感的奇异状态。但至少在视听上满足了观众。

诗人是糟糕的，他们的作品无法呈现为影像，这令人绝望。一个人坐在桌前，或躺在沙发上，目不转睛地凝视着墙壁或天花板。这个人时不时地写下六七行诗句，一刻钟后，又划掉其中一行，然后又过去了一小时，其间什么事也没发生……谁有耐心观看这样的场面？

我刚才提到了灵感。被问及何谓灵感以及灵感是否真的存在时，当代诗人总是闪烁其词。这不是说，他们从未感受到这种内在力量的庇佑，而只是很难向别人解释自己都无法理解的事情。

有时，我被问及灵感，也故意回避。不过，现在我可以回答：灵感并不是诗人或艺术家的特权。现在、过去和将来，灵感总会光顾某个群体的人。那些自觉地选择自己的职业并以爱与想象去完成工作的人都属于这个群体。也许包括医生、教师、园丁——我可以列出上百种其他职业。只要能够从中不断发现新的挑战，他们的工作就是一场持续的冒险。困难与挫败从来不会抑制他们的好奇。一大堆新的疑惑会从他们业已解决的问题中涌现出来。不论灵感是什么，它总是诞生于持续的"我不知道"。

这样的人并不多。地球上的大多数居民只是为了应付生存而工作。他们工作，因为这是必须的。他们选择这种或那种职业，并非出于热情；生存环境替他们作出了选择。他们之所以珍惜令人厌恶的工作，无聊的工作，仅仅因为别人甚至连这样的工作也无法获取——这是人类最残酷的不幸之一。而且没有任何迹象表明，未来诸世纪中，这一情形会有所好转。

因此，尽管我否认诗人对灵感的垄断，我依然将他们列入为数不多的幸运的选民。

关于这点，我的听众中肯定会有人产生疑问。形形色色的虐待狂、专制者、狂热分子和蛊惑家借助一些大肆宣扬的口号去追逐权力。他们也热爱自己的工作，并以富于创造性的狂热履行自己的职责。是的，的确如此，然而，他们"知道"一切。他们知道的东西足够使他们一劳永逸。他们并不试图揭示其他事物，这会削弱他们论辩的力量。然而，任何知识如果不能引发新的疑惑，就会迅速枯萎：它无法保存维持存在所需的温度。我们可以从古代和现代历史里看到，在最极端的情形中，这样的知识将对社会构成致命的威胁。

因此，我才如此重视"我不知道"这句话。这句话虽然短小，却具有坚实的翅膀。它拓展我们的生活，使之容纳于我们的内在空间，以及渺小地球悬浮其中的浩瀚外空。如果牛顿从未对自己说"我不知道"，那小果园中的苹果将只是像冰雹一样掉落在地，他顶多会弯腰将它们捡起，开心地大口吃起来。如果我的同胞居里夫人从未对自己说"我不知道"，她可能会成为某所私立高中的化学教师，教导那些来自富贵家庭的年轻女孩，在这份也可以说十分尊贵的职业中终其一生。但是，她一直对自己说"我不知道"，这句话引领她两次来到斯德哥尔摩，在这里，那些永不止步、不断追寻的灵魂不时被授予诺贝尔奖。

诗人，真正的诗人，也必须不断说"我不知道"。每一首诗都在努力回答这句话，但当稿纸被打上最后一个句点时，诗人就变得犹豫，开始领悟到，这个看似别致的答案纯粹是权宜之计，绝对不充分。于是，诗人永远在尝试，而这些并不自我满意的连续成果迟早会被文学史家们用大纸夹夹在一起，并命名为"作品全集"。

有时，我梦想置身于一些不可能成真的情境。例如，我无所畏惧地想象，我有幸与悲叹人类一切劳碌皆为虚空的《传道书》作者一起交谈。我深深地向他鞠躬，因为他是最伟大的诗人之一，至少对我而言。随后我抓住他的手。"太阳底下并无新事物"，这是你写过的，传道者。但是，你自己是太阳底下诞生的新人。你创作的诗歌也是太阳底下的新事物，因为在你之前无人能写下这样的诗。而你的全部读者也是太阳底下的新人，因为那些生活于你之前的人无法读到它们。你坐在丝柏之下，这株丝柏自创世以来从未生长。它和其他相似的丝柏一样来到世上，却并非完全相同。

传道者，我还想问你，此刻，你还想在太阳底下创造哪些新事物？将你表述过的思想进一步增补？或者，如今可能想反驳你的部分观点？在你的早期作品中，你提到欢愉——如果它稍纵即逝，又怎么办？于是，你关于太阳底下并无新鲜事物的诗也许会是有关欢愉的？你是否做过笔记，打过草稿？我不信你会说："我已写下一切，再也没有什么可以补充了。"世上没有一位诗人会说这样的话，更何况像你这样的伟大诗人。

世界——无论我们会怎么想，当我们被它的广博和自身的无能所惊吓，或者愤恨于它对人类、动物、甚至植物（我们为何如此确信植物不能感受疼痛）的苦难无动于衷；无论我们如何看待被星辰的光线所穿透的浩渺空间，这些星辰为我们正开始探索、早已死亡、依然死亡、我们一无所知的行星所环绕；无论我们如何看待这座无法测量的剧场，我们已经预订了门票，然而这些门票的寿命短得可笑，被两个武断的日期所限制；无论我们是否能以其他方式看待这个世界——它如此令人惊异。

但是，"令人惊异"是一个隐藏着逻辑陷阱的描述语。毕竟，令我们惊异的事物偏离了众所周知、举世公认的准则，偏离了我们习以为常的显见事物。但关键是，并不存在一个显见的世界。我们的惊异独自存在，并不以与其他事物的比较为基础。

即便如此，在日常言谈中，我们不必停下来思考每一个词语，我们都在使用诸如"日常世界""日常生活""事件的日常轨迹"之类的短语。然而，在诗歌语言中，每一个词语都被权衡，绝无寻常或正常之物。没有一块石头或一朵石头之上的云是寻常的。没有一个白昼和白昼之后的夜晚是寻常的。总之，没有一个存在，没有任何人的存在是寻常的。

看来，诗人将会一直拥有适合于他们的工作。

维斯拉瓦·辛波斯卡

1996 年 12 月 7 日 斯德哥尔摩

图书在版编目（CIP）数据

我曾这样寂寞生活 /（波）辛波斯卡著；胡桑译. -- 长沙：湖南文艺出版社，2018.1
书名原文：Poems New And Collected
ISBN 978-7-5404-8434-7

Ⅰ.①我　Ⅱ.①辛　②胡　Ⅲ.①诗集－波兰－现代Ⅳ.① I513.25

中国版本图书馆 CIP 数据核字 (2017) 第 315055 号

POEMS NEW AND SELECTED by WISLAWA SZYMBORSKA
English translation copyright ©1998 Houghton Mifflin Harcourt Publishing Company
Text of the Nobel Lecture copyright © 1996 by The Nobel Foundation
Published arrangement with Houghton Mifflin Harcourt Publishing Company
through BIG APPLE AGENCY,INC.,LABUAN,MALAYSIA.
Simplified Chinese edition copyright© 2012 Shanghai Insight Media Co.,
All rights reserved.
著作权合同登记号：18-2012-264

我 曾 这 样 寂 寞 生 活
WOCENG ZHEYANG JIMO SHENGHUO

[波] 维斯拉瓦·辛波斯卡 著　　　胡桑 译

出 版 人　曾赛丰
出 品 人　陈垦
出 品 方　中南出版传媒集团股份有限公司
　　　　　上海浦睿文化传播有限公司
　　　　　上海市巨鹿路 417 号 705 室（200020）
责任编辑　耿会芬
封面设计　王媚
责任印制　王磊
出版发行　湖南文艺出版社
　　　　　长沙市雨花区东二环一段 622 号（410016）
网　　址　www.hnwy.net
经　　销　湖南省新华书店
印　　刷　河北鹏润伟业印刷有限公司

开　本：880mm×1230mm 1/32　　印　张：8
版　次：2018 年 1 月第 1 版　　　印　次：2018 年 1 月第 1 版第 1 次印刷
书　号：ISBN 978-7-5404-8434-7　定　价：48.00 元

pr 浦睿文化
INSIGHT MEDIA

出 品 人：陈　垦
出版统筹：戴　涛
策　　划：余　西
编　　辑：吕　昊
封面设计：王　媚

投稿邮箱：　insightbook@126.com
新浪微博：　@浦睿文化